I 贝克德意志史
皇帝、改革者与政治家

Martin Luther

Thomas Kaufmann

马丁·路德

(德)托马斯·考夫曼 著　　胡嘉荔 译

广西师范大学出版社
·桂林·

Mading Lude

Martin Luther by Thomas Kaufmann

Copyright © Verlag C.H.Beck oHG, München 2016

著作权合同登记号桂图登字：20-2017-208 号

图书在版编目（CIP）数据

贝克德意志史.Ⅰ：皇帝、改革者与政治家. 马丁·路德 /（德）托马斯·考夫曼著；胡嘉荔译. —桂林：广西师范大学出版社，2021.1

ISBN 978-7-5598-3132-3

Ⅰ. ①贝… Ⅱ. ①托… ②胡… Ⅲ. 德意志帝国—历史②马丁·路德(Martin Luther 1483-1546)—生平事迹 Ⅳ. ①K516.42②B979.951.6

中国版本图书馆 CIP 数据核字（2020）第 155059 号

出　　版：广西师范大学出版社
　　　　　广西桂林市五里店路 9 号　邮政编码：541004
网　　址：http://www.bbtpress.com
出版人：黄轩庄
全国新华书店经销
深圳市精彩印联合印务有限公司印刷
（深圳市光明新区白花洞第一工业区精雅科技园　邮政编码：518108）
开本：787 mm × 1 092 mm　1/32
印张：4　　　　　字数：62 千字
2021 年 1 月第 1 版　　2021 年 1 月第 1 次印刷
定价：198.00 元（全 7 册）

如发现印装质量问题，影响阅读，请与出版社发行部门联系调换。

目 录

导言:"两种本性"的人 / 1

第一章 探寻路德 / 9

第二章 上帝宗教改革境域中的生活 / 21

第三章 神学的存在 / 57

结语:路德和基督教 / 115

时间表 / 121

导　言

"两种本性"的人

极端在路德的身上交会。这一说法适用于不同的方面。自1517年赎罪券争端开始以来，这个本名马丁·路德尔（Martin Luder）、来自维滕堡的奥古斯丁会隐修士和圣经教授，对许多同代人来说，就不仅仅是某个具有明确出身、生平和宗教信仰的个体。他是一个人，在这个人身上以及因为这个人发生了一些事，这些事没法用他那个时代的现实、他那个世界的秩序以及他的教会的特定状况来解释；他是一个人，在这个人身上以及通过这个人生成了关于超越、神人关系中的最后责任、对救赎和不幸的确信的经验；他是一个人，对这个人的评价千差万别，在他之前很少有人如此。

路德尔就是作为"路德"（Luther）的这个人。路德这个名字是他在出现赎罪券争端时起的，反映了其新的自我认知：从路德尔成为"埃留提里乌斯"①，成为被基督解救的、在上帝那儿自由的人。作为一个以新的方式认识自己的基督徒身份的人，"路德"变得闻名遐迩。他被人记恨、被人尊敬、被人诋毁。他几乎被认为是第二个救世主——一个世纪人物。作为基督徒，作为在上帝面前被解放的人，"路德"让同时代的一些人以新的、从根本上质疑现存教会体系的方式，思考和亲自讲述成为一名基督徒意味着什么，却让另外一些人受到挑战，这些人在反对他的过程中，想证明罗马天主教在阐释基督教信仰的教义和生活方面所具有的传统说服力。

路德是一个公众人物，他力争将自己的关切推入公众视野，公众对他的争论持续不断，而在他之前没有任何一位历史人物了解如何策划、吸引并利用公众的注意。同时他也是公众的牺牲品，是论战评估、可疑要求和利益计划的对象。路德是历史上第一位"媒体明星"，既懂得如何利用时代的媒体进行革命，同时也被印刷机这个新媒体所利用。但在所有围绕其发生的乱哄哄的事件中，路德首先是一所处于文明边缘的、毫无传统的大学里的解经者，这所大学因他而名垂青史且永远和他联系在一起：维滕堡大学。

路德具有两面性：他既是沉思而忧郁的、喜欢隐居的圣经读者和翻译者，祈祷者，宗教诗人，细致的文本解释者和著作者，又是积极的、创造性的、健谈的、外向的布

---

① 当时的人文主义者流行将自己的名字希腊化，路德的希腊化名字"Eleutherius"意为"自由的人"。

道家，论战者，寻求公众关注的语言能手。路德的人格同时具有显著的内向和外向的特征，他在跟信赖的人交往时渴求亲密，在与陌生人交往时也渴望分享，常常心血来潮地信任人，也会深深地猜忌人。他既面对他的上帝，同时又置身于世界的视域之中——他在这两种关系中理解自身，而正是它们的同时性，构成了他的历史存在和历史意义。因为作为祈祷者和圣经读者的路德同时也是技艺高超的文学家（或者说得确切些，渐渐地在写作的过程中成了文学家），因为作为鼓吹者、斗士和宣传家的路德把自己思考圣经的工作跟与上帝的对话联系起来，两种"本性"的相辅相成，使他能灵活多变地参与历史的挑战，这些挑战蜂拥而来并对其提出了苛刻的要求。

路德成了这样一位公众人物：他以自我折磨般的强度和不知疲倦的信念，深入而细致地躬读圣经，一而再地反复读，紧扣原文，以期透过人的话来发现上帝的道。对他来说，深入阅读并思考圣经就是与上帝对话。在这种对话中，他的洞察力和语言能力都得到增强，这些能力促使他进入公众视野，因为这关乎基督信仰的真理。他认为他那个时代的教会丢失了这一真理，而他的使命是说出它并重振它。相对于祈祷者和忏悔者这一深刻的本性，路德的公众人物形象并不是次要的或"不得体"的，而是与其密不可分。作为公众人物、神学教师、布道者、宗教作家，作为某个被迫对公众发言的人，路德获得了新的见解，形成了自己的立场，这些立场和见解对他理解圣经或个别经文，

3

对他的祈祷以及他与上帝的关系意义重大。无论是将路德这位宗教天才赞誉甚或尊崇为"马丁兄弟"或者"信仰之父",还是因其"错误和迷途"而将其作为煽动者、论战者、"农民的背叛者"、异端和犹太人的敌人进行责骂和鄙视,对这位历史人物都不起作用。他身上具有上述所有的特点但又未深陷其中。他身上最受人喜爱和最受人鄙视的特点不能相互抵消,反而结为一体,因为路德是他所说和所做的一切,存在于他的伟大和局限之中,路德一直是路德,是16世纪的混合体。

作为公众人物,路德几乎在其踏上历史舞台的同时,就成了各种解释和特定要求的诱因,并持续至今:赞成文学改革,反对经院神学,为把德意志民族从罗马的奴役中解放出来而斗争的人文主义者将他视为盟友;反对领主优势、为德意志自由而战的帝国骑士将他作为代言人欢迎;争取城市自治的市民将他看作战友;要求社会公平、取消什一税和恢复古老的神圣权利的农民把他当作权威人士。普通男女教徒引用路德的话以及他的圣经解释,来表达他们作为基督徒对公共宗教交往的诉求,以及显示其在信仰问题中的判断力;还俗的修士和修女在逃离像良心监狱一样的教团时,会用路德的释经见解为自己辩护。路德的公众形象开启并伴随着宗教改革,它所带来的这些影响,并非只是对路德的创造性的或者根深蒂固的误解,而是构成了他这个人的公共性。因为自1522年跟所谓的维滕堡运动及其重要人物卡尔施塔特公开决裂以来,宗教改革运动开始瓦解，慢慢地出现了那些令人痛苦的澄清，区分哪些是路德自己的所思所求，哪些是人们意图在他身上找到或者投射到他身上的东西，也因此变得可能且必要。宗教改革运动的历史既是各种神学和教会政策团体——比如改革宗和再洗礼派——的形成过程，也是路德的公众形象自我澄清的过程。在年轻的、开创性的、"进步的"路德跟年老的、正统的和"保守的"路德这两极之间存在着永久的张力。但与时代历史密不可分的人生之不连续性以及相伴随的立场之发展，没有消解对他个人来说根本性的存在辩证法："年轻的"和"年老的"路德完全生活在他与上帝、与公众的关系中，同时面对着神和人，有着祈祷者和行动者的本性。

只要路德活着，他就能按照其作为公众人物收获的评价和要求行动。当然，他不是每次有机会都这样做，而是会精心选择。他常常只在自己的立场已得到明确表达，"真理已建立起来"，而且他在争论中的获益似乎能得到保证时，才与人论战。他相信上帝的话语有自我弘扬的真理力量，因而不会再三攻击他认为已被恰当反驳的神学对手。

路德的历史重要性还必须归因于这一事实：尽管有着应对神学论战和宗教改革日常事务的压力，他没有忘记更伟大的文学事务，如讲道著作、教义问答手册、对圣经的注释和翻译，而是孜孜不倦、不分昼夜地坚持，每天取得一些进步。就这点而言，路德没有让自己完全被现实的要求耗尽精力，无论这些要求是他被动陷入的，还是主动承担的。作为教授和布道者所承担的外在生活组织，保证了解经工作的连续性且强迫他自律，同时也使他拥有足够的余裕来完成紧急的文学工作，有时他完成得极其出色。既是关注当前时事的政论家，也是耐心而细致的圣经诠释者与翻译者，渴望创作出不朽的作品，这便是路德极其矛盾的历史形象。

路德死后，他的朋友和敌人继续对其个性进行多方面的解读和评价。在路德新教的历史上，他和他所引发的——被认为是在上帝的帮助下的——"宗教改革"，依然是身份形成的基准点。除圣经外，它们是基督新教最稳定的、最可被诠释的，但也最缺乏定位的因素。路德宗或者基督教的批判者也在路德身上找到了他们最重要的目标之一。所有新教教义贯穿的后宗教改革阶段和时期，都试图寻找同路德的创造性关系，都试图从路德这个源头来思考自己的教义观点和改革理念并将其正当化，即使他作为这样一个人无法获得与圣经相比拟的教义上的地位。在路德教义宗派化的新时代，路德被视为上帝派来的圣经诠释者和完美的教会老师，他的真理大部分是以个体信条的形态被引用和思考，并得到这样的支持：他的思想遗产被要求作为学说整体以符合当下的方式来传授。

伴随着虔信主义，一项对路德的战略性研究开始占主导地位：人们从发展史的角度区分他的"两种本性"，论证他的教会改革观点，认为他首先是"年轻的"开创者和借助普遍的祭司职分来解放普通教徒的解救者，同时将其

"年老的"、不妥协地捍卫牧师职位和教会正统的形象相对化。17世纪下半叶以来，这种从神学上有选择性地研究这位改革家的做法变得普遍，且得到或多或少的公开承认，它们当然没有破坏对路德的原则上的尊重：启蒙运动把他看成思想自由和良心自由的早期传播者；德意志民族运动把他奉为德意志民族性的旗手；新新教主义在他身上追溯信仰自由和良心自由的合法性，同时批判性地阐述他的神学在人类学、世界观以及理解圣经方面的前现代特征。在信奉民族主义的新教徒、支持种族主义的神学家和提倡国家社会主义的意识形态家中间，作为反西方的或者反犹的德国人，路德成了合乎时代的标准，但他的形象也因此深深地陷入了思想野蛮的旋涡，以至于托马斯·曼令人震惊地称他为"脖子粗短的上帝的野蛮人"(1945)。但这个评价，正如四百年阐释史中其他对路德引发的极端投射形象的或多或少公正的评价，一点也不符合路德的历史个性。直到今天路德都属于德国历史上最出名和最受重视的人物，属于——正如一档相关电视节目的名字显示的——"我们的最好"之一。这不仅归因于定期举办的路德周年纪念和文化旅游业对他的市场化，也因为他满足了对1933年之前德国历史中的记忆文化基准点的寻求。"反犹主义者"路德激发了这种情绪这一事实，同时与他在历史政治上无法比拟的重要性有关。无论如何，路德是我们在古老的历史中最了解的那一类德国人：德国历史的矛盾以独特的方式在他身上反映出来。

正如本书所研究的，对路德的个性特点来说，这一简单的观察是根本性的：他同时完全生活在他的当下和他的信仰里。因此时代意识和信仰意识在路德身上并非不相关，而是相反：时代历史的经验对他的信仰产生影响，他的信仰则赋予他经验和对经验的阐释。抛开路德所处的历史关系，我们将难以理解他的个性，但同时他也很少融入这些关系。他的个性表现了一种同一性：它一方面被存在的历史条件逐渐形塑并历史性地发展着，一方面完全被上帝的当前工作决定和支持着。神学和人生、信仰和经验、沉思和宣传在路德身上密不可分，它们之间的联系之紧密，远远超出了他那个时代的大部分神学家。这种密切的相关性对路德的个性来说，具有根本的重要性，构成其独特的品质。因此探究路德的历史形象总是同时受如下因素的影响：他的生平和信仰、他的时代和他的上帝、他的自我认知和他在动态关系中获得的评价。路德的生活，在涉及自身时完全是残缺不全的，在涉及信仰时却非常完整和确定，它远离他那个时代的权力和文化中心，却改变了西方的教会且因此改变了世界，这真是前无古人后无来者。

第一章

探寻路德

一个人理解自我的方式不能代替人们试图为他构设的"形象",但理所当然属于这个形象的一部分,并决定了阐释的视野。这种视野可以避免历史编纂学的重构出现时代错置及应用不恰当的理解和评价标准的问题。对路德进行阐释的历史表明,在涉及路德时,有理由承认他的自我理解对他个人的"形象"起着调节作用,因为他确实成为且一直是众多计划和利益诉求偏爱的对象。

路德经常引人注目地以各种方式谈到自己,既在给密友的信中和餐后演讲中,也在面向公众的布道和印刷品中。可能很难再找到一位同时代或中世纪的神学家像路德那样,发表大量关于自己的言论。路德感到被迫谈论自己,且被允许谈论自己,两个重要原因是:一方面,同时代人和他个人之间存在着前所未有的紧密关涉,另一方面,在他个人和他的神学之间存在着不可分割的联系。整个一生,路德关于自己的表述始终摇摆于可以想象到的最极端的对立之间:一方面极其笃定,满怀信心到无忧无虑,另一方面深深地自惭，对自我提出最黑暗的控诉。在关于自我的描述中，他将审慎的自我否定跟对人和人的可能性的乐观肯定这两种倾向——前者首先在中世纪修道院传统中培养起来，后者常见于人文主义的人的形象中——结合成一个富有张力的、符合他对基督徒的理解的统一体。

在各种路德诠释自己的情况中，他自认是基督徒这一事实具有特殊的作用。"我一无所有，什么都不是，除了，我可以几乎自吹自擂地说：我是一名基督徒。"路德可能在1525年对伊拉斯谟说过这句话，他以此谈到自己的个性。在神学人类学方面，他非常确信：面对上帝，人凭借自己的意志努力什么都做不了。1546年2月16日，在去世前两天，路德写下最后的生命感悟，结束语是这样的："我们是乞丐，这是真的。"这句话表明了人类理解的极限，尤其圣经，如果毫无经验、没有圣灵的帮助是难以理解的。路德自我认知的核心特征就是完全依赖上帝在信仰中的恩典。

路德将自己获得和传播的关于基督和基督福音的认知，视为他的个人信誉的唯一凭证。在1542年的遗嘱中，他写道："人们想让我做一个真实的人，就是公众〔人物〕，这个人在天堂、尘世、地狱也是有名的，有足够的名望和权威，人们可以信任他，胜过任何公证人。因为上帝，仁慈的父，把他的爱子的福音告知我这个被诅咒的、贫穷的、微不足道的、痛苦的罪人，也使我忠贞和诚实，还一直挽留和发现我，这个世界也通过我接受很多事情，认为我是真理的老师，不管教皇的禁令，皇帝、国王、诸侯、教士以及所有魔鬼的怒气……"路德自我认知的核心在于这种运用到他自身的对信仰的基本认知：对罪人受之有愧的赦免和解救，只在于上帝的怜悯，而不在于人的尊严。他的罪意识同对称义的确信密不可分，在认识到只有上帝才能克服人与上帝的距离甚至对上帝的敌意后，他的罪意识在此意义上构成了其众多辩证的、充满张力的自我声明的神学基础。

1517秋，即赎罪券争端发生之初，路德第一次越出大学的小圈子公开露面，他的自我形象就是这个时候开始确立的。他把自己的姓从路德尔变成路德，并且第一次明确地在一封信中使用这个名字，这封信是1517年10月31日写给美因茨大主教阿尔布雷希特的，后者负责马格德堡地区的赎罪券交易。在信中，路德除了转达《九十五条论纲》，要求停止赎罪券的宣传，还阐述了其自我认知：在与基督的绑缚中，他感觉自己完全被解放了。路德尔用"埃留提里乌斯"（即自由的人）这一希腊 - 拉丁文形式的名字，像他认为的那样，从词源学的角度证实了上帝植入其姓氏中的秘密。1517年11月11日，在给朋友约翰·朗的一封信中，路德的署名翻译出来就是："马蒂努斯·埃留提里乌斯兄弟，即仆人和囚徒，维滕堡的奥古斯丁会修士"——他特别强调了从这时起成为其自我形象特征的辩证：从上帝的角度来看路德自觉是公正和自由的，从他本人的角度来看，他是有罪的囚徒和微不足道的仆人。

再也没有变回去的名字清晰表达出他对自己同时作为

仆人和自由人的辩证认知，这与使徒保罗的自陈有着明显的类似：像保罗一样，路德要求的福音"不是来自人，而是从天上通过我们的主耶稣基督"获得的。他把自己反对"教皇"的斗争与使徒反对犹太化对手的斗争等同起来，为自己的"软弱"而自豪，目的是以在保罗那里发现的类似的"神圣的自大"，捍卫自己作为一个"微不足道的福音传道者"毫不动摇的真理要求，比起"所有的诡辩者和教皇党人"，他无疑"在圣经方面更为博学"。即使路德没有声称拥有直接启示经验意义上的个人灵感，就此而言可以强调："我没说我是先知"，但他非常确信自己凭借圣经的话拥有对真理的间接知识，而传播这种知识是他的天职："我不是先知，但我自己非常确信，上帝之道在我这里，而不在他们［即他的"教皇党人"对手］那里，因为我有他赋予我的经文，他们只有他们自己的教义。"路德对真理的确信是在尖锐的自我怀疑中斗争出来的结果，他怀疑依照自己对基督信仰的理解来对抗教皇教会的权威，反对其在阐释传统方面的地位这种做法是否正确："你们［即"教皇党人"］最严厉的论证经常让我的心颤抖、绷紧、燃烧：只有你是聪明的吗？其他所有人都错了，且误入歧途那么长时间？"

路德自我认知的辩证结构的组成部分还有：他不得不在终生的反驳中证明其一次性获得的信仰知识。根据从圣经的例子里获得的信念，即上帝自创世以来通过个别真理见证者如亚当、亚伯拉罕、挪亚，通过《旧约》先知如以赛亚、但以理，或者最后通过教会老师奥古斯丁、安布罗修和克莱沃的伯尔纳铎来维护他的教会，路德似乎时不时地认为自己是末日审判前最后的见证者，并因此自认是"末日先知"。渐渐地，这位维滕堡的神学家熟悉了这样的预言，即有一位"隐修士"将攻击利奥十世统治下的天主教会，或者有某个人将在1516年破坏修道院制度。很难说这些预言对路德和他的自我认知没有影响，尤其是因为在他生活的环境中，这些预言明确地关涉到他，且被他的一些追随者孜孜不倦地宣扬。"福音凯旋游行"打破所有阻碍，不断地取得成功，如路德在1520年代初期的宗教改革运动中感知到的，被视为对他的神圣天职的证实："因为我的上帝开了口，叫我的名字，因为他如此强有力地支持我……我要说，如以赛亚那样说，而不是沉默……"路德将自己理解为上帝"安排"给"德意志"的一位传道者，他与基督的关系决定了他的事业就是上帝的事业，而基督通过他消灭教皇的统治。是的，作为"德意志人的一位先知"，这种自我认识可能超越了几乎任何一位中世纪或早期教会神学家的真理主张。在路德的意识中，他宣讲的不是"新颖的"学说，而是数世纪以来第一次重新发掘的"古老"圣经启示的核心。路德确信，上帝将在最后审判中证明他教得很好。

这位受圣经指导并被圣经征服，提倡建立真正的教会的老师，其自我意识也历史性地反映了那个时代的教皇教会对路德的诽谤。

尤其在最初与经院神学、盛行的赎罪及忏悔实践的论战中，被授予神学博士学位这个事实对路德来说很重要。因为他根据这个事实，十分"中世纪式"地认为教会通过修会给予他大学教师的职位，他便有权自行进行神学方面的判断，也有义务代表教会捍卫正确的学说，与各种异端作斗争。路德作为职位持有者参与集体的规律生活，但他不会因此轻易放弃他已然成为的"这个人"。因为他"不仅是一个傻瓜，还是对圣经发过誓的博士"。他对福音真理的投入符合他"作为一个贫穷的圣经教师，根据良心、誓言和义务"有责任去做的事情。在路德因为教皇的绝罚令和皇帝的帝国制裁令而被"剥夺头衔"之后，临时出现了一些其他的自称，特别是"传道者"或者"讲道者"和"传福音者"。但路德拒绝放弃博士头衔，否则无异于承认对自己的异端判决。无论是与宗教改革内部的一些反对者争论，还是与"坚信旧教义"的神学家论战，路德都把他的博士学位作为给自己的学说作合法性论证的辩论工具。在回顾中，路德将按照圣经来教学的义务——他一度不愿接受他的博士学位——视为神学发展的原因和基础，而也正是这一义务促使他走向了教皇教会的对立面："我，马蒂努斯博士，被召唤和被迫成为一名博士。怀着感谢和纯然的恭顺，我必须接受博士学位，并向我最珍视的圣经发誓，要忠实而诚挚地宣讲和教授它。在这样的学问上，教皇试图妨碍和阻止我。"为了履行教会授予他的职务，路德不断地表达对他那个时代的教会的反对，这种连续性形塑了他自1512年10月获得博士学位以来所有的人生阶段。通过自称"上帝恩典的传道者"或者"上帝恩典的传福音者",异端的路德用可以想象到的最具挑衅性的方式,表示他只是"受到圣灵的激励"才不得不说一些东西,基督"是我的学说的导师,也是世界末日的见证者,这不是我的而是他的纯正的福音［……］"。

决定路德的真理意识和作为人的自我认知的神学基础,无疑在于这个基本事实:"不配做一个受洗的基督徒"。这构成了他个人身份的核心,这种身份不是建立在他自己而是建立在上帝或者基督里,这也使他能在恰如其分的自由中与他自己——作为历史个体的马丁·路德——相处。因此他像使徒一样自夸,认为自己是"教皇统治下超越一切博士的博士",或者"恶臭的蛆袋",根据这个"无可救药的名字",作为"路德的",绝对应该被叫作"基督的孩子"。路德的自我诠释基于保罗对自由与基督仆人之间的辩证,它并非源于中世纪基督教的文化感知模式,至多与愚人形象拥有文化史的相似性,在很大程度上使得他个人引起了多方面的兴趣。

与路德有共鸣的同代者给予他的感知和评价,并非完全没有参照他的自我认知。路德自己觉得内心最疏远的是伊拉斯谟圈子里的人文主义者,他们认为路德争取福音的斗争是在他们争取文学改革的斗争的光辉下进行的,且具有一致的目标,即反对经院神学和对当时教会体制的过分盲信。这部分人文主义斗士在早期传播路德的理念和文章方面起着非常重要的作用。从1520年起，路德与他们的关系日益疏远，原因首先在于：在这个维滕堡人和这些人文主义者之间几乎不存在一种坚实的神学基础。

在早期许多路德的别称中，有一些被常常使用：上帝的"人"或者"仆人"；基督选中的工具；被派来接续但以理的先知——巴塞尔大教堂传教士和神学教授沃尔夫冈·F.卡皮托在最早的《路德全集》中第一次提到，这套全集1518年秋天由伊拉斯谟的印刷商弗罗本在巴塞尔出版；以利亚——可能是由苏黎世传教士、后来成了宗教改革家的乌尔里希·茨温利首次使用，之后尤为梅兰希顿所用。以利亚这个别称让人联想到的，首先是关于世界末日的说法：根据这个说法，在敌基督出现的时候，上帝派没死而逃脱的先知以利亚，去警告和安慰受困的基督教世界，并告知上帝很快就会回来的消息。自宗教改革以来人们就在一定程度上接受并喜爱这种说法，这也成为维滕堡宗教改革者路德解释救赎史的观点，在路德宗的新教教义中长期有效。在一本可能出版于1521年的小册子《论路德的基督学说》中，来自奥古斯丁会的米夏埃尔·施蒂费尔，一位早期的追随者，以独特的方式提到路德在沃尔姆斯帝国会议之后的兴奋之情："因为我蒙上帝的恩典，根据圣经中世界末日的指示，我与马丁·路德想法没有不同，我们离这个时间如此之近，应该练习追踪反对上帝真理的敌基督，我认为这个人是上帝派给我们的，上帝将他唤醒，命令他以以利亚之灵的热情，去发现和揭穿敌基督及其信使和仆人的隐秘的、难以掌握的骗局。"尽管路德与以利亚的"归来"这一想法保持了一定的距离,但他似乎并没有坚决反对把这个别称用到自己身上。使这个时代发生变革的是上帝,而不是如"教皇党人"认为的,是路德这个人。对路德来说,这是他自己在信仰中获得的认知。

一本极为成功、题为《马丁·路德博士受难记》的宣传册以高超的技艺仿写《耶稣受难记》,讲述了路德在1521年沃尔姆斯帝国会议中的经历,并以此强调路德个人的救世品质,这种品质决定了他与基督的关系。这种基督与路德之间的并列,在路德的自我认知中有确凿的证据,尤其是在1517年到1521年之间。然而,它符合效法基督这一惯常的虔诚观念,且完全遵守圣经传统的话语世界,其目的并非针对路德个人的救赎论意义,而是在于:基督出现在路德的学说中,并且鉴于世界末日临近,对路德作决定就是对基督作决定。围绕路德的个人崇拜为"坚信旧教义"的论战者提供了受欢迎的证据,他们以此来说明路德异端学说的深不可测。

公众从1519年至1520年间开始对路德这个人产生极大的兴趣,这也反映在大量的木刻和铜版画作品中。这些对修士路德类似肖像的描绘非同寻常地扩散开来,说明显然有这种需求:了解这位陷入异端怀疑的著名圣经教授的面部特征。特别流行的是这一类型的画:路德以圣像画的传统方式被安放在壁龛中,手里拿着《圣经》,仰望天空。在萨克森选帝侯宫廷中任职的艺术家老卢卡斯·克拉纳赫是路德的朋友，他是极具创造性的作者，绘制了路德的各种形象。这些肖像可能是为配合萨克森的腓特烈的路德政策发展出来的：沉思的准备发言的修士；像传统的英雄呈现在纪念碑式半身像中的学者；留着贵族式胡须、结束维滕堡骚乱的秩序维护者；目光坚定的教父；普通市民的丈夫。前现代的德国历史上没有哪个形象像路德那样出现得如此频繁，形式如此多样，并被各种媒体所刻画。

在宗教改革初期，有些关于路德的描绘也广为流传：它们把路德和鸽子放在一起，进而将其展现为世界末日中的圣灵承载者和"上帝的人"。时不时有迹象显示，路德的肖像受到了宗教上的敬奉，这可能是真的。对一些同时代人来说，这位以异端成为媒体明星的托钵修士是新的圣人。并无证据表明路德对自己在肖像中被如何描绘施加过很大影响。他没有阻止这一切，可能也无法阻止；但他在文章中坚持与自己的"精神形象"一致的"真实"表达。他自知，对他个人的兴趣可能只是一种手段，目的是传播其赞同且坚持的东西，即福音。因为路德在自己的事情，也即耶稣基督的事情的成功中，看到了上帝在历史中的强有力的行动（这种行动只有在信仰中才能被认识），那些超出个人标准的对他本人的评价并没有使他长久入迷，而是引导他通过经验多方面地丰富自己，回到作为被基督解救的罪人的自我，回到世界末日来临时的日常生活中去。

第二章

上帝宗教改革境域中的生活

上帝的宗教改革

路德和许多同时代人都分享了这个想法：教会需要彻底改革。这对他来说是理所当然的——对此他也没摆脱普遍的看法——末世改革的主体既不是某个教皇，也不是许多红衣主教，甚至不是整个世界，而只能是上帝。在赎罪券争端的背景下他阐述道："只有那个创造时间的人才知道改革的时间。"他说是时候揭露那些显而易见的不良现象了，比如赎罪券。在所谓的改革运动无限扩张的过程中，即莱比锡论战（1519年夏）和沃尔姆斯帝国会议（1521年春）之间的1520年，路德的谴责逐渐明显。他越来越肯定：罗马的教皇是敌基督。他确信，由上帝引导的改革的时间现在已经到来。在路德看来，他自己或者通过他宣告的上帝之道，是教会末世改革内部的"活动者"，借此上帝将超越时间最后一次在末日前根据福音恢复符合自己意志的教会形式。所有余下的时间，不管还会延续多久，延续多少代人，都只是"最后的时间"。

1520年中期开始,在新教邦国君主和城市市政机构的保护下,教会改革慢慢变为现实,虽然就广度而言缺乏普遍期待的那种全面性,但就实施的恰当而言还是基本符合路德的预期,这点几乎不用怀疑。1537年,在有关一场被教皇否定的自由的公会议的争论中,路德称:"我们的教会[……]蒙上帝的恩典,仅以纯粹的道、圣礼的正确运用,以及各种关于罪和正确做工的知识来开导和看顾自身。我们不需要公会议,也不知道如何从这类大会中期待更好的东西。"路德确信,他用"他的福音"进行了"更多的改革",比教皇教会用五次公会议可能进行的改革还要多。宗教改革从传播的广度来说是在个别邦国进行的,从福音的角度来说是在路德的影响下恰如其分地进行的。一些城市和教会属地变成了新教的领地。对后来的路德来说,这个宗教改革正是他年轻时与罗马教会争论之初所期待的:上帝的宗教改革。

改革并没有明显地改变整个基督教世界这一事实,在路德看来,并不构成对改革的真理和合法性的否定,改革基于上帝隐藏的历史计划,一切还有待决定。路德的一生都在期待上帝超历史-末世的宗教改革,后者将在微历史-日常生活的实施过程中具体化,鉴于末日临近,这不仅需要确保正确的布道和圣礼管理这类最必要的东西,还要暂时保留新教的宗教机构。将宗教改革历史化为一个朝向更远未来的历史新纪元,不在路德的精神视野之内。同样的,他也绝没有产生过"必须长期持续地进行教会改革"的念头。

路德的生平划分为两个阶段:有点隐秘的前期,以及因为当时发生的那些事情而非常出名的后期。在两个阶段之间的过渡时期，即1517年，路德已经三十四岁了，在维滕堡大学神学系获得教授席位也已经五年——这是他终生的职业基础——穿了十二年奥古斯丁会的制服。路德引起轰动时，根据当时的惯例，他已经不再是"年轻"人了。路德后来回顾自己的生活，谈到自己的童年和青年时代，也谈到修道院的生活和最初被任命为神学教授的日子，还有最初围绕经院神学进行讨论的时光以及同时代的忏悔、赎罪和赎罪券实践。路德的回忆尽管是批判性的，却包含着必不可少的信息，让我们可以大致重构他的早期生活。但几乎没有可靠的线索，可以从路德早期的生活状况来解释他后来的发展，一方面因为缺乏材料来源，一方面因为路德发展的结构的主要动力是他与上帝的关系。

童年和青年时代

路德是埃森纳赫市民的女儿马加雷特·林德曼（卒于1531年6月30日）和图林根农民的儿子汉斯·路德尔（卒于1530年5月29日）的第一个或者第二个儿子。他于1483年11月10日生于艾斯莱本（伯爵领地曼斯费尔德），第二天就受洗。在路德的童年时代，父亲从事那个时代欣欣向荣的采铜业，职业生涯颇为成功；1484年全家迁到曼斯费尔德市，父亲路德尔从单纯的采矿工变成一些矿山协作社的股东，并升为冶金管理人员。父亲实现的相对富裕，构成了儿子马丁得到精心教育的基础，也为路德日后的职业观念奠定了基础。尽管路德的家庭和学校教育符合当时的习俗，一定程度上也是"正常的"，他后来回忆起来却觉得太过严厉，认为自己受到了不公的虐待，且在教育自己孩子的过程中设法避免类似的事情发生。路德似乎有八个兄弟姊妹，其中可能只有四个长到成年：与他要好的弟弟雅各布和三个姐姐。迅速扩大的家庭迫使为了经济和社会地位的稳定而操心的父母对孩子们制定有关自律、节约以及严格的标准，这让敏感，也许还有点胆怯弱小的马丁几乎没有体会过父母温暖的爱意。

路德心中所铭记的宗教，是沿着那个时代典型的小城市的教会主义的路线进行的：崇拜带着各种荣光的圣人，特别是马利亚和她的母亲圣安妮，以及在市民中备受推崇的"神圣家族"；徒步朝圣；虔诚地赎罪和捐赠；让人在圣礼时回忆起救世主殉难的弥撒——这种弥撒对个别捐助者或者以兄弟会形式联合起来的虔诚团体有治愈作用；还有很多其他的宗教烙印。甚至路德母亲深重的女巫恐惧也司空见惯。其后在路德想进修道院的时候，父亲坚决反对，并引用"要顺从父母"的戒律。这表明，在路德家里，宗教义务最终决定了孩子和父母的关系。

约在1490年到1497年间，路德就读于曼斯费尔德的城市学校。之后他在马格德堡学习了一年，可能读的是一所大教堂学校，一同就读的还有另一位曼斯费尔德市民的儿子汉斯·赖内克。赖内克后来回到家乡成为冶金厂管理员，并一直和马丁保持着联系。一些在马格德堡建立的友谊，对随后德意志北部和中部大城市的宗教改革的发展意义重大，尤其是与后来成为易北河畔大都市市长的克劳斯·施托姆的友谊。1498年春，路德转到埃森纳赫的圣格奥尔格教区学校，在这里度过了愉快的时光。他后来谈到学校的校长，说校长在进入教室的时候会取下头上的礼帽，为了表示对学生们的尊重，在这些学生中可能坐着未来的市长、首相和博士。母亲的亲戚生活在埃森纳赫，家族中学习和受教育的传统根深蒂固。路德在与家族关系很好的汉斯·沙尔贝家很受欢迎，沙尔贝后来成了埃森纳赫的市长。日后路德充满感激地回忆起与埃森纳赫市民家庭沙尔贝和科塔家以及当地方济各会修士的亲密交往。路德与埃森纳赫圣母修道院代牧约翰内斯·布劳恩成了忘年交。路德读书时布劳恩是教士，大约五十岁。路德一直和这位像父亲一样的朋友保持着联系，即使他在埃尔福特和维滕堡时，都未中断。布劳恩是接触到的第一位教会方面的人士。我们了解到，他给路德留下了深刻而持久的印象。

到中学毕业时，路德已经可以读、写、说拉丁文了，也必定打下了修辞学的基础，掌握了书信写作的艺术，且拥有通常借助数学来教授的基本乐理知识。因为拉丁语学生定期参与组织基督教礼拜仪式，所以路德还掌握了歌唱技巧和礼拜学知识。路德在接受博雅教育时的顺利发展说明：他在埃森纳赫这种非常有益的氛围中已然成了一名好学生。

大学时代

1501年春,路德决定到埃尔福特上大学。他作这个决定可能首先是因为埃尔福特大学离埃森纳赫比较近,并且这也符合母亲林德曼家族的传统。博雅七艺的基础学习构成了大学三个高等系科——神学、法学和医学——的先决条件。中世纪的许多学生在读完哲学系后就离开了大学。根据埃尔福特大学的学习制度,学生最快三个学期之后就可以申请学士学位。在考试之前,课程设置有语法、逻辑和自然哲学——基本上读的是亚里士多德的相关著作。最快四学年可以获得硕士学位,课程包括数学、算数、天文学、形而上学和道德哲学,还有政治、经济学和个体伦理学以及社会伦理学。哲学学习包括宗教方面的百科知识,传授逻辑学的专业词汇,训练确凿地论证和有说服力地驳斥的基本技巧。无论路德之后对当时的大学及大学的指路明灯亚里士多德作出多么负面的评价,这些技巧都使他受用终身。

在埃尔福特大学人文学系起主导作用的是唯名论派,由经院哲学老师威廉·奥卡姆建立,在同时代的术语学里也被认为是"现代之路"。路德在唯名论反思文化中,特别是在逻辑学中表现出来的特点,可能对其整体思想的发展起着重要的作用。"古代之路"主要以托马斯·阿奎那为导向,从总体概念(共相)的普遍现实出发,从共相中推导出具体的个别事物的现实;与古代之路不同,现代之路从个别事物的现实出发。个别事物才具有现实性，而共相并不存在于人的思维之外，共相只是根据一定的约定作为概念（名词、术语）用于具有特定的共同特征的个别事物。路德在埃尔福特大学人文学系还跟着其他非常有名望的教授，如约多库斯·特鲁特费特尔（卒于1519年）和巴托洛梅乌斯·阿诺尔蒂·冯·乌辛恩（卒于1532年）学习唯名论。反思辨的、以经验为依据的唯名论在语言领域的推动，使人们对一个词在上下文中的具体含义的认识更加敏锐。这有利于那些路德在图林根大学的学生时代开始产生作用的倾向——当时一些人文主义者在努力创造一种更为优雅的拉丁语。路德在埃尔福特大学的时候，还不存在对经院哲学采取批判甚至敌意态度的人文主义，如路德大学时代的朋友克罗图斯·鲁贝阿努斯后来所做的那样。路德早期的人文主义特征，基本上没超出对个别古代的和同代的拉丁语诗人（如巴普蒂斯塔·曼图阿努斯）的了解，以及在拉丁语表达方面的敏感。

大学生的日常生活主要受到同修道院类似的住宿和生活规章制度（即寄宿制）的影响，路德也不例外：对由哲学系硕士生担任的寄宿舍长的必要服从、学习纪律、遵照服饰要求、必须用拉丁语交谈、共用寝室和工作间、严格管理喝酒以及不能随便和女性接触。从生活实践方面来看，寄宿舍和修道院没有多大的差别。

路德很快就完成了哲学学业——似乎——非常成功。1502年秋，他通过了学士学位考试，为五十七人中的第三十名，1505年1月通过硕士学位考试，为十七人中的第二名。父亲现在要尊称成功获得硕士学位的马丁·路德为"您"了，这似乎说明对路德的巨大教育投资是值得的。没有什么表明大学生马蒂乌斯不是那种"灵活的、开朗的、年轻的小伙子"。他喜欢社交，会弹琉特琴，恰如克罗图斯·鲁贝阿努斯后来回忆路德时所描述的。但在进入修道院之前，痛苦的折磨以及宗教上的自我怀疑就一直伴随着路德，这是肯定的。路德不允许同时代的人窥探自己的内心，历史学家也没有能力这样做。1505年夏季学期，作为哲学硕士路德除了从事必要的教学活动外，还开始学习法学，这符合他的父母为儿子设计的长期职业规划。

转向修道院生活

自然很难还原路德进入修道院的动机。外部原因是1505年7月2日的一次闪电，在施托特恩海姆附近，埃尔福特前面六公里的地方。当时路德去曼斯费尔德看望父母归来，被闪电吓得要死。这可能促使他发誓："帮帮我吧，圣安妮，我想成为一位修士。"促使他发誓并履行誓言的内在原因——尽管他的熟人圈子里发出一些反对的声音——一方面是他的虔诚，一方面可能是他对职业和个人未来的规划处于危机中。没什么表明法学学业符合二十一岁的路德的生活规划。而父亲盘算的一桩嫁妆丰厚的婚姻——可能是路德在学期中不同寻常地回家的原因——对路德来说似乎是令人窒息的前景。1505年在埃尔福特爆发的瘟疫又以一种特别的方式,让他思考以及面对生命的意义和救赎的问题。路德在强大的自然事件中感受到超验的神圣力量,这种经验使他感到自己的生活并无保护,并通过敬畏和恐怖使他皈依,如使徒保罗在去大马士革前发生的事件。掌握生死大权的上帝的毁灭性打击没有击中他,这应该感谢马利亚的母亲圣安妮,这可能是他对圣安妮祈祷许愿的缘故。然而履行誓言要针对严厉的上帝,上帝强力并示威性地介入路德的生活。既然遇到这个击垮一切者要取他的生命,路德便把自己的生命作为相应的贡物奉献出来:在那个时代的宗教文化条件下,这种自我牺牲就是成为修士。

既不只是青春期危机四伏的内在性情,也不只是施托特恩海姆的闪电经历,而是内部与外部、对充满威胁的生活的无力感与宗教方面的解释的共同作用,导致路德的人生发生转折。路德在埃尔福特和朋友们商量并不顾他们的反对,坚持履行自己的誓言,他接受父亲意料之中的深深失望并庆祝自己于两周之后正式告别这个世界。1505年7月17日早上,路德在朋友的陪伴下消失在埃尔福特奥古斯丁修道院的院墙内,他的告别语是:"今天你们看见我,以后再也见不到了。"这个事实说明:他在自己第一次独立决定"跳出生活"时,一笔勾销了以前的存在。这个决定符合伴随闪电而来的全能者(上帝)的毁灭判决。路德带着对迄今为止的生活的绝望以及对新生活的希望走进教会。

修道士和教授

路德加入严守教规的奥古斯丁托钵修会,其原因在于:托钵修会在埃尔福特拥有良好的声誉;这里也拥有传统的学术培养方式,符合路德迄今为止的教育历程。有可能路德先前通过布道已经熟悉修会在大学和城市的影响。在一年的见习修士期里,路德熟悉了修道院生活的成文制度,融入了修道院全体成员在圣事仪式和精神上的日常工作。见习期满后,路德作了庄重的隐修宣誓,誓言要求他终生顺从、安于贫穷并保持贞洁。路德在见习修士期间就开始孜孜不倦地研究圣经,这种研究伴随其一生,并明显超出了修道院生活要求的忏悔、自我探索和完成宗教实践的范围。宣誓之后,路德受埃尔福特修道院副院长的指示,准备自己的神职授任。在此背景下,他专心研究晚近经院哲学家加布里尔·比尔(卒于1495年)所写的祈祷文注释以及安格鲁斯·德克拉瓦索(卒于1495年)的忏悔集,十五年之后这些书和教会法以及绝罚教谕都将被路德付之一炬。受职仪式之后,路德于1507年5月2日主持了自己的首次弥撒,路德的父亲带着大批随从到场,并捐给修道院二十个古尔登。

路德早期的修道院生活似乎处于根本的张力之中:一方面有修会的负责人陪伴其成长,这让他很有信心;另一方面路德不断审视自己是否适合做教士,感到深深的不足。精神上的缺陷使他深受其苦,并总是促使他超越必需的次数，一而再地去寻求告解圣事的帮助。这些痛苦的折磨是路德在宗教上不安的催化剂，是他在神学上追问上帝和恩典最后的确定性的原因之一。修道院的生活是严苛的，在修道院生活就意味着持续地忏悔，这构成了路德追问上帝的背景和基础：他总是在圣经中去寻找和发现问题的答案。

就在路德被授任神职的那一年，根据修会领导人的指示，他开始在埃尔福特大学学习神学。在通向神学博士学位的各个学位阶段，路德都走得很顺畅：从圣经学士（baccalaureus biblicus），即能粗略地诠释《旧约》和《新约》的每本圣书的阶段（维滕堡，1509年春）到章句学士（baccalaureus sententiarius），学习伦巴第人彼得（卒于1160年）《四部语录》的阶段（1510年春之前）——这是中世纪教义学最重要的教材，最初是前面两本，然后是第三本；但因为最后转学到维滕堡大学（1511年夏），路德没有完成既定规划。1508年秋到1509年秋这段时间，路德受代牧施陶皮茨的委托在维滕堡大学人文学系教授道德哲学，同时继续学习神学。除了经院神学（主要是奥卡姆传统），阅读神秘的虔信文章（如让·热尔森、克莱沃的伯尔纳铎以及博纳文图拉）也对路德产生了影响。在一本1516年部分出版、1518年首次完整出版的名为《德意志神学》的神秘宣传册中，路德承认，"除了圣经和圣奥古斯丁［……］，学到了很多"，关于"什么是上帝、基督、人和所有其他的事"，比从其他所有书中学到的都多。在作为章句学士从事教学工作期间（埃尔福特，可能是1510年春到1511年夏），奥古斯丁对他产生了特别的影响，这种影响也表现在他对伦巴第人彼得作品的评论中。

1511年秋，路德和一位托钵修士在施陶皮茨的指示下从维滕堡出发去罗马，为了弄清楚修会政策方面的一个问题：约翰内斯·冯·施陶皮茨——严守教规的奥古斯丁修会在德意志中部和北部的总代牧，同时从1502年开始任维滕堡大学的圣经教授——推动严守教规和非严守教规的修道院之间的联合。一些严守教规的修道院，包括路德以前所在的埃尔福特修道院，担心这种联合会损害严格的修道院纪律。路德的任务也许在于：了解罗马修会总会对严守教规的修道院的抗议所采取的态度，或者确切地说，争取修会总会对施陶皮茨路线的支持。在寒冷的冬天，长达几周的徒步进香也具有朝圣之旅的性质。在西方基督教世界最神圣的城市罗马，路德利用这四周时间，通过忏悔、对殉教者墓地的朝圣、斋戒以及独特的弥撒祭典，为自己和死去的家庭成员分享丰富的恩典。一些意料之外的不良现象，特别是意大利传教士机械地、毫不虔诚地诵读弥撒以及教会高层铺张的排场，使严肃的德意志托钵修士路德烦躁不安。即使罗马的经历几乎没有对路德后来远离教皇教会的发展产生影响，它们也为路德从神学上与罗马教会决裂提供了有效的材料，来说明教皇统治深深的腐败。这两位来自萨克森地方修会的修士在修会政策这件事上一无所获。但路德跟施陶皮茨的关系构成了其未来继续发展的基础，他最早于1508年至1509年间在维滕堡时，就从精神上和神学上接近施陶皮茨了。

　　日后成为宗教改革家的路德自己证明,施陶皮茨在他的神学特征的形成方面起着关键的作用,特别是施陶皮茨通过深深扎根于修道院精神中的观点——上帝用他的公正来惩罚人身上的罪,目的是拯救有罪的人本身——来反对路德对惩罚性上帝的恐惧。施陶皮茨给他的学生指出:神圣的选择在正在受难的耶稣的排斥中清晰可见。路德最终在1511年夏转到维滕堡的修道院,原因可能主要在于对施陶皮茨的忠诚。施陶皮茨在这位严肃的、具有卓越的圣经知识的修士身上看到了适合神学教职的后继者,他自己从大学成立时就拥有这个教职,而维滕堡大学是为奥古斯丁会修士们成立的。1512年10月18日至19日,路德获得神学博士学位,同时被授权可以在诵读、辩论和宣道方面进行独立的神学教学。

　　路德拥有了正式的神学教席,但他偏离同时代的教学惯例,只开圣经方面的讲座。在三十三年的教学生涯中,他只用了大约四年半的时间阅读《新约》,而且只是书信部分,此外完全在对《旧约》进行研究。在接受维滕堡神学教席后,路德就再也没用过伦巴第人彼得的教材,这反映了路德自埃尔福特学习神学以来所形成的对圣经而非权威教义的高度重视。路德采取惯常的方式参与辩论,这些辩论的对象千差万别。除了在奥古斯丁修道院讲道之外,路德也自愿在维滕堡市政厅的委托下,在市圣马利亚教堂定期讲道。这可以追溯到在维滕堡开始教学生涯的时候,可能是1513年或者1514年。从此以后，讲台和布道坛构成了路德的活动及其神学观点发挥公共影响的机构性基础。

1515年路德在奥古斯丁隐修会的最高神职人员大会上被授予地方代牧职位，这是一个在修会和教会政策方面都非常重要的职位。他负责监管图林根和迈森的十一个奥古斯丁修道院，差不多成了德意志奥古斯丁隐修会的"二号人物"——紧随总代牧施陶皮茨之后。日后建立福音教会时，在一些教牧关怀、纪律和人事政策的任务方面，他可以借鉴他在修道院的领导岗位积累的经验。

上帝公正的阐释者

路德神学发展的首要方式，是作为讲道者和教授从事的解经。路德在早期的讲座中先后处理过《诗篇》(大约1513/1514年)、《罗马书》(大约1515/1516年)、《加拉太书》(1516年10月到1517年3月)、《希伯来书》(1517/1518年)，然后又是《诗篇》(1518/1521年)。他密集使用人文主义者在圣经哲学方面的辅助材料，比如约翰内斯·罗伊希林的教材及希伯来语辞典，法贝尔·施塔普伦西斯带有评论的五卷本《诗篇》，伊拉斯谟的希腊语版《新约》或者洛伦佐·瓦拉的评注，此外他的讲座还涉及基督教早期教父以及中世纪阐释者的注解。这一切说明维滕堡的神学教授路德试图达到他那个时代的学术高度。在追问所谓的"宗教改革的发现"或者"转折点"的内容和时间时，路德那些神学内容丰富、引起大量关注和争议的讲座被认为是至关重要的钥匙。从那些没有明确结果的研究讨论中可以看出：人们努力借助这些讲座来领会那些路德后来回顾自己的发展时给出的线索。路德的一些回顾性的自我诠释在时间细节上模糊不清，且必须被置于特定的历史语境中理解；特别是其拉丁语全集第一卷的前言部分（1545年3月5日），当中描述了路德的自我认知经历。它与《罗马书》第一章第十七节"神的义"这一概念有关。路德首先从哲学传统的意义上根据程式化的表述来理解"神的义"，即作为分配的、给予奖惩的积极正义。上帝通过施行符合其本质的制裁来体现自己的义，尤其在末日审判时。对不义的人，即罪人，只能罚以永久的诅咒。因此路德憎恨"义"这个词。通过思考《罗马书》第一章第十七节的语境，他赋予"神的义"以新的意义：他把"因信称义"理解为上帝的礼物，上帝借助信仰的力量以有效的方式做到公正并赐予永恒的生命。路德的同事卡尔施塔特在一次讲座中详细评讲过奥古斯丁的《灵与文字》。通过阅读这篇文章，路德对圣经中一些相应的习用语——涉及神的义、神的能力、神的智慧等——的新理解得到了证实：公正就是在信仰中传达的上帝的能力，上帝借此使自身不义的人(罪人)变得公正。

既不必怀疑路德经历的深刻性，也不必怀疑"因信称义"这一认知的重要意义，同样不必怀疑路德在某个无法确定的时间节点领悟到这点。无可争议的还有，这一认知构成了路德所谓称义理论的核心，并逐渐导致对现存教会体制和占统治地位的经院神学的根本性批评。然而，还有一点也是清晰无疑的：路德自己只是逐渐才明白到这种认知产生的极端结果。在这个发展过程中，关于赎罪和忏悔的争论起到了催化作用：路德从1517年下半年陷入的争论，才使得他在西方最重要的教父奥古斯丁那里发现的"因信称义是人与上帝的关系的中心"这一认知，变成要彻底质疑和改革现存教会和信仰体系的"改革"洞见。

因为类型的特殊性，这些讲座只对路德"改革神学"的发展给出了有限的信息，表明路德不断地吸收了保罗对信仰的理解：基本以圣经字面的意义为准，先针对修道院，然后越来越清晰地针对一般的基督教存在。路德解经的特点是把圣经讲述的有关耶稣基督的内容用到自己的信仰和生活中。路德发现他从保罗那里学到的恩典神学，在奥古斯丁反驳神学家贝拉基的一些文章中得到了印证。在路德看来，经院神学的特征是在和上帝的关系中相信自己的意志力，而路德自从开《罗马书》讲座以来就追随所谓反贝拉基的奥古斯丁。他支持彻底的恩典神学观点，这种观点排除人的意志参与自己救赎的可能性（所谓的贝拉基主义）。路德的恩典神学在奥古斯丁修会的传统中获得了一定的支持，在同时代的神学讨论以及在由他编辑的《德意志神学》中也并非孤音。但由于路德强调这种恩典神学是圣经启示的中心，所以它又具有了新的特质。路德对反贝拉基的奥古斯丁的理解，使他慢慢获得了一些维滕堡大学神学系的同事的支持，比如尼古劳斯·冯·阿姆斯托夫——一位终生亲密、值得信赖的朋友，或者安德烈亚斯·鲁道夫·博登施泰因——也叫卡尔施塔特，从1522年开始成为路德宗教改革内部最激烈的反对者。从1516/1517年开始，"奥古斯丁复兴"慢慢成了还不太有特色的维滕堡大学的标志。1517年春，维滕堡大学就已经以圣经和教父，特别是奥古斯丁为导向来设计神学课程，尤其极端贬低经院神学及其基础亚里士多德哲学。1517年上半年路德在自己的神学系中获得的支持，形成其走入公众视野的重要前提。

我们今天仍然知道的、明确由路德自己交付印刷的第一份文献系列，以1517年9月4日举行的论战为基础，包含了对经院神学最根本的攻击。这也是路德的第一部神学纲领文本，而且为人所知的是，路德自己竭力把它散播出去。这些论文得到了显著的认可，例如纽伦堡法学家克里斯托夫·朔伊尔，他对它们在因戈尔施塔特、科隆和海德堡大学的传播作出了贡献。这说明维滕堡神学——在救赎上完全倚赖上帝的恩典，在与上帝的关系中彻底否定人固有的可能性——可以让人信服，甚至可以激励人。

如果对现状的批判性分析可以被视为"宗教改革"的基础，那么路德在进入修道院以来的十二年里，便已经在朝这样的改革方向工作。他在维滕堡大学和修会内部起着举足轻重的作用。作为大学老师和托钵修士，他很好地适应了交托给他的任务和职位，并且代表着当时两个最受器重的宗教机构和社会机构，这种状况对人们愿意听他的话极其有利。1517年，路德尔就准备好成为路德了。

先知和宗教改革家

1517年下半年，路德逐渐对欧洲的教会、邦国和帝国政策产生影响。他攻击教会采用所谓的赎罪券来宽恕尘世罪孽的做法，由此而形成的动力导致西方教会发生自成立以来最彻底的变革。只能用一些因素结构性的共同作用来解释维滕堡修士和神学教授路德在这方面产生的史无前例的影响。没有哪种因素是单独起作用的，是这些因素的共同作用造成了宗教改革"事件"。

（1）路德带来的信息和他的行为说服了很多人。当路德的"异端邪说"引发争论但尚未被大部分公众知晓时，路德的形象是一个基本上没有锋芒、使用通俗语言的宗教作家。他善于用简明扼要的方式，针对基督教在世俗世界的生活方式来解释基督教信仰最基本的问题——对忏悔、洗礼、圣餐、圣父以及十诫，对基督徒的死亡、婚姻以及耶稣受难的理解。1519年底，在针对路德的异端审判进入最后阶段之前，由他用通俗语言写的二十篇文章以超过一百四十种不同的印刷版本广泛传播。除了拉丁文文章——在其中路德首先和经院神学及罗马教会的代言人进行辩论——二十五篇文章到1519年有超过一百一十种版本，在迄今为止的印刷史上还没有出现过可与之比拟的巨大出版量。路德在1518/1519年的成功表明，这位迄今还未在文学上崭露头角的修士知道如何坚定且娴熟地利用书籍出版这个新媒体，他也用他必须宣告的内容击中了时代的脉搏。路德用文学性的语言讲道，集中传递基督教的信息——古老的信仰证明、圣经、基督、信仰以及日常宗教生活的应对，它们显然具有令人振奋的可信度和说服力。正是在异端审判结束之前的那些年里，大量的追随者，尤其是城市里的追随者加入了路德和卡尔施塔特的阵营——卡尔施塔特最初与路德并肩战斗，是路德之后早期宗教改革最有影响的宣传家。其中，那些受过良好教育并因为人文主义而对教会改革和圣经诠释特别敏感的人，成了路德思想和关切的重要传播者，他们也作为所谓的宗教改革家独立自主地把他的部分思想发扬光大。路德之所以让很多人信服，有多种多样的原因，正如他用来表达思想的方式。

（2）路德及其发起的宗教改革运动之所以能够站住脚并稳定下来，是因为神圣罗马帝国的法律和政治状况允许，甚至有利于或者促进了运动。古老帝国的政治制度建立在

《《
《先知和改革家》，老卢卡斯·克拉纳赫，铜版画，1520年。画上的拉丁语翻译出来是：路德自己创造了其永恒的精神肖像，卢卡斯的蜡版创造了会消失的面部特征（汉堡艺术馆，铜版画陈列室）

皇帝核心统治和等级联邦统治互为补充的基础上。反对宗教改革的措施依赖于城市和领地统治者的执行权。由皇帝查理五世颁布的沃尔姆斯赦令（1521年5月26日）尤其与此相关。赦令对路德及其跟随者使用剥夺法律保护令，也就是说他们处于法律制度之外，每个人都可以置他们于死地并且禁止他们传播新教文字，而无需承担后果。不少人拒绝追随皇帝的反新教政策：要么出于宗教原因，要么为了寻求政治独立，要么因为物质利益（剥夺教会产业）；或者所有的这些原因交织在一起——这反映了当时典型的状况。皇帝在军事和政治上的要求，特别是与法国的冲突以及来自奥斯曼帝国的威胁，迫使他一再和帝国阶层[①]中的异端支持者作出暂时的政治让步，阻碍了沃尔姆斯赦令的实施，并使宗教改革措施在城市和领地层面的执行成为可能。直到路德去世的1546年，皇帝才腾出手来对新教进行军事上的打击，但最后因为帝国诸侯的多次反抗而失败，诸侯在皇帝的统治中看到了对"德意志自由"来说最可怕的危险。1520年代早期，在宗教改革运动的扩张和稳定阶段，城市中的法律、社会和政治情感，同路德及其追随者的地方自治主义观念之间的亲和性，推动了宗教改革的进程，也对宗教改革变成政治现实并从城市辐射到帝国其他疆域作出了贡献。

[①] 1800年以前直属德意志帝国中央并在帝国会议中占有一席之地的帝国阶层，指教会选帝侯、大主教、主教、教长、修道院院长等，世俗选帝侯、公爵、侯爵、伯爵及直辖市市长。

（3）现存的教会统治，被路德从内部，从圣经、基督和信仰的角度拖入无情的批判漩涡，陷入了根本的可信度危机。宗教改革的说服力几乎不是产生于后期中世纪教会自身显而易见的内部危机。富裕的虔诚基金会、繁荣的兄弟会、产生美妙效果的朝圣之旅、成功的赎罪券宣传、华丽的教堂建筑、修会分会及礼拜堂等，构成了1500年左右德意志教会的虔诚形象，看不出人们对教会的漠不关心，看不出任何危机的迹象。但同时让人无法忽略是，伴随着德意志中世纪后期教会虔诚的、熠熠闪光的繁荣，有一种对罗马教廷进行批评或者和罗马教廷保持距离的态度在教会和世俗社会各阶层都有所体现。在"德意志民族的抱怨"中，帝国阶层经常抗议教会法对他们的约束以及教皇在财政上对他们的压榨。路德把这些指责作为重点用在自己的演说中，并像大多数同时代人一样认为它们有道理，但在很多情况下这些指责缺乏任何现实依据，说的更多是心声：罗马太遥远，被视为非属灵的、道德败坏的；罗马教廷是神职人员肮脏交易的温床，教皇几乎不能作为教会虔诚的支撑点。人们生活在这样的意识中：被教皇欺骗，同时必须和罗马妥协；人们不再尊敬它。救赎因为铺天盖地的赎罪券宣传而贬值。特别在德意志，在宗教改革的预备期出现了大规模的赎罪券宣传。它不仅完全没有引起人们对教皇的神圣馈赠的喜悦，相反，甚至在路德登上舞台之前，便已加深了人们对教会严肃性的怀疑。由教皇利奥十世领导的罗马教廷缺乏对德意志的政治策略，认为路德这件事主要是政治上的挑战。罗马教廷首先集中力量反对哈布斯堡王朝介入意大利，放弃从政治上联合教会的帝国诸侯。这一切加深了对罗马的反抗和怨恨，路德及其同伴则极为成功地利用了这些怨恨。

（4）路德的"发现"（严格意义上的"改革"），即倡导和促进教会的改革过程，正好在他被实施异端判决的那一年（1520）。从某种意义上来说，个别中世纪传统，如方济各会属灵派或者罗拉德派或者胡斯派等异端，以多种方式为路德作了准备。这个发现坚信：作为机构的教皇——不是作为人的——是敌基督。像路德所写的其他东西一样，他的敌基督学迅速引起关注，并作为一种天启运动成为早期宗教改革中一个必不可少的意识形态-政治时刻。从宗教改革对敌基督的发现来看，有一点是清晰的：历史不可阻挡地奔向终点，现在的时间就是最后的时间。鉴于末日来临，有必要根绝反上帝的混乱、重建符合上帝意志的秩序并进行忏悔。没有人像路德那样极力促进早期宗教改革运动中的天启动力因素，同时也没有人像他那样有意识地逃避。这种说法为路德的思想及事业的贯彻作出了重要贡献，直到农民战争的灾难之年（1524/1525）。作为随时可更新的心理背景主题——比如与土耳其人的威胁联系起来——启示论一直存在于宗教改革中。

主要是这些因素：路德的说服力、德意志的政治结构条件、帝国对教皇统治的疏远以及1520年左右的天启动力，决定了维滕堡修士和神学教授路德独一无二的成功。

异端之路

赎罪是教会的额外福利，从11世纪出现以来就获得了巨大成功。如果说一年一度有义务进行的忏悔把每个信教者从永久诅咒的惩罚中解救出来，那么赎罪的作用就在于：减少或者完全抵消——以只有教皇才能授予的大赦的形式——死后必须在炼狱接受的罪罚。赎罪的完美形式也被允许用于在炼狱里受苦的死者。要想有效地取消在迄今为止的生活中累积起来的尘世的罪罚，可以直接购买赎罪券。此外，交少量的附加费还可以获得所谓的忏悔券，这种券可以在以后的生活和处于死亡危险的时候，使人获得赦免并完全消除在此期间累积起来的尘世的罪罚。这种宗教上的全面保证是作为公益事业来提供的；就连一无所有的人也能通过非现金的形式享受。

为了获得修建彼得大教堂的财政支持而被宣传的大赦——成了路德冲突的导火索——从地域上说限制在马格德堡和美因茨教省。它被年轻的美因茨和马格德堡大主教阿尔布雷希特·冯·勃兰登堡用来支付因为购买教皇的一个豁免而欠下的高昂债务，他获选为两个教区的大主教是违反教会法的。路德攻击赎罪券的时候自然不了解这个背景。毕竟他感兴趣的远远不是这件事的经济方面，而是对他的赎罪批评有帮助的方面。两个萨克森都禁止宣传彼得赎罪券，因为选帝侯腓特烈和大公格奥尔格没有丝毫兴趣让自己领地的钱落入勃兰登堡的竞争者之手。此外，腓特烈在维滕堡的万圣修道院拥有价值连城的圣物收藏，参观圣物可以获得赎罪，因此吸引了支付钱财的朝圣者。在救世市场，不受欢迎的竞争让他提供的东西有贬值的危险。

路德对赎罪券的不满，来自他对基督教理解的核心：基督徒的存在从福音意义上看是在上帝面前持续的忏悔。如路德在《九十五条论纲》的第一条中说的，耶稣的忏悔呼吁不涉及教会学说意义上的圣事补赎，而是涉及信教者的一生。他那闻名于世的《九十五条论纲》的第一条内容就是："当我们的主耶稣基督说悔改吧，他是说信徒一生应当悔改。"教皇只能免除涉及现世生活的罪罚，不能对死后进入炼狱产生作用。对罪的宽恕只取决于上帝。忏悔在信仰实行过程中是有效的，使人不必通过虔诚的补偿金来赎尘世的罪。因为相信上帝的宽恕，自然就会做出让上帝喜欢的事情，比如祈祷、布施和斋戒。修士的基本活动——一生都在忏悔——被路德延伸至基督徒的存在。同时，他将这种从信仰中获得（上帝）给予的宽恕的理解，与中世纪忏悔体系的基本观念，即人可以自己从上帝那儿争取功德并提出要求，彻底分离。

路德对作为赎罪券基础的忏悔制度的攻击，从本质上击中了传统的教会体系。接下来发生了激烈的争论，原因首先在于路德谈到的问题直接触及了教会的学说和实践。路德将在《九十五条论纲》中阐述的坚决反对赎罪券的观点，最先告诉了一些与其比较亲近的同事和马格德堡的大主教阿尔布雷希特·冯·勃兰登堡以及负责维滕堡的教会首脑勃兰登堡主教。可能在1517年10月31日，路德也在维滕堡的学术圈公布了这些观点，也许是把它们钉在充当大学布告栏的教堂大门上。1518年夏，他让人印刷了一份详尽的拉丁文版本的论纲阐释，德语版已经在1518年春印刷，其中包含了对赎罪券批评的要点。到1519年底，这份简短的、只有一页四开纸的文字共印刷了二十二版。这一语言通俗的讲道所产生的公众效应，远远超过了难以理解的拉丁文版论纲。在纽伦堡，人们把拉丁文版又弄成了一个德文版。几乎一夜之间，路德在学者和能阅读的人中声名鹊起。

路德的赎罪批评引起的书面争论，首先来自被委托执行赎罪券宣传的多明我会修士约翰内斯·特策尔和奥得河畔法兰克福的修士康拉德·维姆皮纳，但很快就波及其他圈子。除了大众媒体继续争执不休，教会也开始按照教规审查路德的正统性；阿尔布雷希特·冯·勃兰登堡给美因茨大学写信，由美因茨大学附随一份鉴定意见，一并转交给教皇。罗马教廷因为即将到来的皇帝选举，要顾及路德的君主萨克森选帝侯腓特烈，推迟作出审判结论。罗马希望阻止来自哈布斯堡家族的西班牙的查理获选，这需要依靠萨克森的支持。

在开始罗马审判（1518年5/6月）和公布《主起来吧》（*Exsurge Domine*）通谕（1520年6月15日）的两年间，路德孜孜不倦地开展出版工作，特别在他陷入的争论中努力解释自己的神学观点，巩固了他自1518年春天起在萨克

森政界获得的支持。在就赎罪和忏悔问题进行的争论中,尤其下面三次促使路德详细阐明了自己的观点:

(1) 路德与罗马教廷神学家西尔维斯特·马佐利尼的书面论战。马佐利尼来自皮耶罗,被称为皮耶阿斯,他在1518年春发表了一篇用粗硬的教皇主义传统来反对路德的文章,宣布每种受教皇支持的学说都是信仰真理的绝无谬误的标准,从而将教会尤其是教皇的学说权威问题纳入争论的焦点。

(2) 罗马教廷的红衣主教和教皇使节卡耶坦于1518年奥格斯堡帝国会议前对路德的审问。审问是通过萨克森选帝侯斡旋进行的,目的是在传唤路德去罗马之后,把事情控制在帝国内部,并促使维滕堡人撤回主张。卡耶坦质问路德的第七条论纲,要求路德从神学上更细致地解释其如何理解信教者个人对救赎的确信。卡耶坦坚持,信教者能确信的只有以教会圣事为中介的救赎,而非其个人的救赎。相反,路德展开论述:只有基于基督应许的因信称义才能达到救赎的确信。自此,言语和信仰之间的关系构成了神学的阐释轴心,它得到了精致的阐述,且在路德看来,催生了对圣事和上帝拯救现世在根本上的新理解。

(3) 因戈尔施塔特神学教授约翰·埃克同路德及卡尔施塔特进行的莱比锡大辩论。这场辩论经过大量的新闻传播方面的准备工作,于1519年夏(6月27日到7月15日)在众多观众面前进行。大辩论促使路德这位奥古斯丁会修士从注释及历史的角度反驳神圣法中罗马教皇的特权,拒绝主教之于教士的等级优先权,质疑教皇主持的公会议的绝对权威性。只有圣经才具有不容置疑的功用;教会当局不能对并非基于圣经的决定要求权威。埃克抱着非难的目的引用神学家约翰·威克利夫和扬·胡斯的主张,这两位神学家在康斯坦茨公会议(1414—1418)上受到谴责,而路德积极接受他们的主张,他由此证明路德显然是异端。自此,埃克在罗马异常积极地致力于把路德判为异端,并在罗马教廷为诅咒教谕作准备的委员会中扮演领导角色。

《主起来吧》通谕引用了路德各种文章中的四十一个带异端性质的句子,要求毁掉包含这些句子的文章。在颁布通谕后六十天内,路德可以撤回自己的主张。而埃克和希罗尼穆斯·亚历山大被委任为罗马教皇使节,在帝国境内普及通谕。但在全国上下为了焚烧异端文字而堆起来的柴垛,更像是在为路德作宣传,使得人们团结到路德及其事业中来。

教皇敦促萨克森选帝侯强迫路德撤回自己的观点,选帝侯却建议新当选的皇帝反对教皇审判权的约束力,让路德可以在下届沃尔姆斯帝国会议上接受审问。选帝侯的行政机关用法律和政治外交手段,又一次拖延执行神学上和教规上明确的异端判决,这对路德的事业来说,意味着巨大的战略成功。公众对路德个人的兴趣,在1519年至1520年间已越来越强烈,并使路德成为卡里斯玛型运动领袖,现在因为威胁性的斥责被延缓,这个形象再次增强,几乎不可能被打压下去。作为没有被审讯就被不公地判为异端的人,作为只知道紧跟圣经的人,路德在公共舆论中获得了此前任何一位神学家都未曾有过的权威性和影响力。他如此谙熟对印刷媒体的使用以及俘获听众的技巧,以至于成了帝国政治中的一位关键人物。

1520年是路德的"奇迹之年"。在对教皇异端判决的预感中,在希望这事最终不会发生的期待中,在对自己毫不动摇的信仰真理的确信中,他的思考力和文学创造力爆发,这标志着路德一生成就的高潮。在这一年里,他摧毁了罗马天主教教会的根基,并基于言语、信仰和外在标志,从神学上建立了新教对洗礼、忏悔和圣餐的理解。在这一年里,他针对罗马天主教教会模式设计了德意志新教模式的基础,并给皇帝和帝国递交了对教会改革最有效的日程建议。在这一年里,他给罗马的主教讲道,后者由于自己在罗马的情妇和法律制度陷入一团乱麻,也给所有基督徒讲基督徒在服务邻人中得到的神奇的自由,还阐述了以因信称义为基础的基督教伦理学的基本原理。

1520年12月10日绝罚令生效,路德在这一天采取了行动——从某种意义上说几乎是不可避免的,但对这位想对自己的教会保持忠诚的儿子来说,却又像上帝委托给他的重任一样异常困难——用几乎听不见的、颤巍巍发抖的声音,对已经完全陷入谎言、虚伪和谬误之中的教皇教会进行异端审判。受《诗篇》第二十一章第十节的话("因为你毁灭了上帝的真理,今天主就毁灭你")的鼓舞,路德把教会的法规、一些经院哲学的赎罪规则书和教科书以及绝罚通谕在维滕堡的鹊门前付之一炬。日后,他的一生中数这件事最令他感到高兴;他一生中最令人难以置信的、最大胆的、最顺应原始本能的、最具挑衅性的以及最严肃的行为肯定是这个——以基督教信仰确信的名义开除教皇教会的教籍。在西方基督教历史上,1520年12月10日这一天成了"哥白尼式的转折点"。

还有两个路德作为"作案者"和行动者出场的关键场景,从长远上确立了路德在新教运动中卡里斯玛型"领袖"的光环:首先是在危机四伏中、众目睽睽下参加沃尔姆斯帝国会议的旅行。这次旅行类似一次凯旋游行,并且在路德拒绝在皇帝和帝国面前撤回自己的言论之后,使其成了英雄和殉道者、被剥夺了法律保护的异端和"圣人"。大众传媒的强烈呼声说明:帝国最高级的政治舞台成了维滕堡修士路德最重要的宣传平台。这种呼声出现在沃尔姆斯帝国会议的历史环境中,对路德和"新教"极其有利。第二个关键场景虽然没有那么轰动,但影响不比第一个小,出现在路德从瓦尔特堡返回维滕堡的时候。路德出席沃尔姆斯帝国会议之后,他的君主出于安全原因让他在瓦尔特堡生活。图林根森林带给路德深深的寂寞,同时也使路德大半年都专注于自己的工作,这些工作奠定了新教教会统治的基础。他在这里完成了《新约》的翻译——这份翻译是从教会和神学方面对德意志教会体系改革进行论证的基础,也是大量其他欧洲民族语言翻译圣经的榜样;他还拆毁了修道院生活这种为基督教所强调的生活方式的宗教围墙，对此他的解释是：每位受洗者平等地直接面对上帝。此外，他通过自己对圣经章节的解释，奠定了宗教改革讲道实践的基础，这种实践成了在城市和农村传播新教的标准。1522年3月初，路德违背选帝侯的建议和意愿回到维滕堡教区，并因此重新获得了宗教改革行动的主动权。路德不在维滕堡的这段时间里，这一主动权掌握在其他人手中，主要是卡尔施塔特。当来自修士阶层的留着胡须的路德穿着世俗服装回到维滕堡的布道坛和讲台时，这意味着维滕堡宗教改革继续受到君主当局政策的保护。路德作为宗教改革的权威标志性人物，把有声望的同伴联合在自己周围，但不容忍竞争者。卡尔施塔特领导下的"极端分子"认为绝对有必要在教会实践中直接运用圣经戒律，而这在路德的领导下是不存在的，因为他考虑到了现存的秩序和"弱者"以及那些不坚定的教区成员。维滕堡宗教改革的第一次分裂，即路德和卡尔施塔特在1522年春的分裂，是未来分道扬镳的前兆：比如关于正在成形的再洗礼派运动、关于闵采尔和追随闵采尔的农民、关于南德地区和瑞士宗教改革家之间的关系——路德与这些改革家自1524年年末起在圣餐的解释上出现了巨大分歧。

新教异端教会的老师

路德接下来的生活道路，没有像1520年到1522年之间那样，达到戏剧性的高潮。从这时起，路德要面对他所推动突破的基督教信仰理解带来的后果，这种理解是教会法规、权力和政治手段无法压制的，影响到了教会和社会生活、神学和宗教教育以及礼拜仪式等各个方面。在领地或者城市层面，在萨克森但也远远超出萨克森，路德一直参与教会事业的实施过程且起着领导作用。他多次为教会组织、牧师选拔、乡镇教区财政（"共同的钱袋"）、礼拜仪式规则、巡视或者授圣职仪式设计基本模式，这些模式在深受维滕堡宗教改革影响的德意志或德意志之外的教会领地中充当标准规范，且以各种各样的变形影响至今。作为宗教歌曲诗人，作为1528/1529年间两本教义问答手册（小的是给教会的基础指导，大的供教会的信息传播者使用）的作者，最后还作为有创造力的圣经翻译者（第一部所谓的维滕堡《圣经》完整版于1534年出版），路德对新教的宗教文化产生了深远至今的影响。在路德引起轰动的那些年，他的名字广为传播，人人都在谈论他。他似乎是整个民族的希望，看起来一定也是整个基督教世界的希望。随之而来的这些年月虽然充满斗争但并没有那么引起轰动，他慢慢地成了一位在特殊教会中受敬仰的老师，这个教会根据教会法是"不可能的事情"。

对路德的"形象"来说，1520年代中期是明确的分水岭。他针对起义农民进行的尖锐论战在时间上很不幸，其中一些直到诸侯们的血腥屠杀发生后才为人所知，看起来似乎是在事后赋予大屠杀以合法性。此外，他在圣餐问题上对新教内部反对者的清算，也使他失去了一些支持者。

对宗教政治和教派战线的澄清，虽然可能带来法律上的不稳定，但新教的教会事业在宗教和机构方面上是可行的，所以他的星光比其他宗教改革家的要耀眼。但他不再在整个基督教世界上方发亮，而只在新教的世界。因为除了路德，维滕堡大学还拥有梅兰希顿——路德最重要的工作伙伴，因此它发出了绚丽的光芒，在很长一段时间内自然成为帝国被访问最多的大学。长达十年的时间里，维滕堡作为教育平台和招募基地，吸引着众多欧洲国家和德意志各诸侯国的新教精英。

只要路德活着，他的话就比其他任何一位神学家的有分量，但他的话不再是"民族英雄"或者"民族宠儿"的话，而是经验丰富、毫不妥协的教会教师的话。这位教师的肖像画以克拉纳赫派作品数不胜数的各种形式广为流传，并促使人们毫不动摇坚定的信仰以及对信仰声明的忠诚。1525年6月，路德与还俗修女卡塔琳娜·冯·博拉（1499—1552）结婚，他们孕育了六个孩子，路德不得不亲自为其中两个送葬。婚姻把这位曾经的修士牢牢地拴在了市民-世俗存在的欢乐和痛苦之中，增加了他的敏感性，并提供了基督徒家庭生活的榜样。几个世纪以来，这个榜样作为文化标杆鲜活地留在了德国新教牧师家里。

路德的体质大部分时间都很健康，但在1520年代后期第一次出现了一些疾病的征兆：心绞痛、耳鸣；从1536年开始头疼、患有尿结石。像使徒保罗一样，路德把身体的疼痛解释为撒旦的攻击。他没有像其他福音宣传家那样殉道，这个事实可能偶尔使他不安，因为为真理而痛苦属于其受圣经影响的观念世界的自然部分。他多次意识到死亡临近，并且感谢朋友布根哈根给予自己的心灵安慰，后者是维滕堡的城市牧师、路德在大学神学系的同事和维滕堡宗教改革最有影响的教会组织者。

1546年2月18日，路德死于出生地艾斯莱本，享年六十三。按照当时的标准，他年龄足够大，也活得足够久了。他去艾斯莱本是为了平息曼斯费尔德伯爵们之间的争斗。路德"有福的死亡"被朋友和陪伴者们详细记录并立即出版。这符合他作为公众人物的生活，但也是由教皇教会跟随路德直到死亡的敌意决定的。在去世前差不多一年，他了解到罗马出版了一本《马丁·路德博士死亡谎言集》，其中谈到：根据路德的愿望，他的尸体要放在祭坛上而且"像上帝"一样被崇拜。针对此类亵渎神明的话，梅兰希顿在给受人爱戴和艰辛不易的同事路德的悼词中维护其人的尺度，依照路德的自我认知，首先称其为"被上帝唤醒的福音的仆人"。要一而再地重新且别样地遭遇这位16世纪最有影响力的人物，这位自认是被上帝的宗教改革选中的工具并且在生前就成了纪念碑的人物，梅兰希顿的这句评语是不错的开始。

第三章

神学的存在

上帝的话与路德的学说

路德的神学是对上帝的话的经验性阐释,把信仰作为与上帝的关系的集中体现。建立一个具有超越时代的有效性的教义体系远非他的目的,因此对路德的作品进行阐释时有必要考虑到他所写文章的历史语境。路德尤其知道自己的早期作品是有时限的。在这些作品中,正如他在1545年回顾时断定的,他因为害怕末日审判而严肃地捍卫教皇的事业,对教皇有许多低三下四的妥协,日后路德认为这是对上帝最恶毒的亵渎和暴行。路德的对手谴责他的自相矛盾,这都要归咎于当时的历史状况以及他的缺乏经验。从1537年起,路德一再被催促编辑自己作品的纪念版全集,他只是犹豫地接受了。在他看来,这个大出版项目隐藏着他通过教会史充分熟悉的危险:"除了《圣经》……得收集很多书,遍访大图书馆"以及"耽误学习研究《圣经》……直到《圣经》……被忘记,在凳子下,灰尘中"。

从1539年开始，萨克森选帝侯约翰·腓特烈重点资助出版所谓的维滕堡全集（共十九卷，十二卷德语，七卷拉丁语，1539—1559），路德最终同意参与出版工作，这符合历史文献的必要性观点："如果我不同意在我生前出版，那么在我死后肯定也会出版，由那些完全不了解事件进程和原因的人出版，将会乱上加乱。"

路德同意后，全集出版的结果斐然：以后，伟大的路德版——耶拿版（1555—1558）、阿尔滕堡版（1661—1664）、莱比锡版（1729—1740）、瓦尔希斯版（1740—1753）、埃尔兰根版（1826—1886）、魏玛版（从1883年开始）——构成他的作品的最重要的接受框架。宗教改革家希望自己的书籍不要存在太久，"当这个狂怒的时代受到惩罚……"这个期望没能实现；全集版的纪念性和完整性，就图书政策而言使路德获得不朽，让人们自此之后一直研究他，并且有必要不断地重构历史状况（即路德的状况）的开放性，在可靠和忠实的对开本中，找寻曾使路德闻名遐迩的廉价日记以及小册子。

路德参与自己作品的收集整理工作，而这很矛盾地使得路德派新教徒研究起他的文章来变得困难或不可能，这种研究是他自己要求的："……谁想在这个时代拥有我的书，谁就不能认为亲自研究这些书是麻烦，相反，要对它们进行阐释，就像我对待教皇教会法汇编和经院神学家的书一样，也就是说：我是否想看看他们写了些什么或者考虑时代的历史，而不是我要学习它或者必须仔细跟着他们认为的那样行动。我和教士们及宗教会议一样,对待书籍别无二致。"一方面,路德将自己所有的文章跟圣经或者优秀的神学著作——比如梅兰希顿的作品《神学共同要点》,路德称赞其为第一部宗教改革的教义学——相比,将其意义相对化。然而另一方面,他又积极参与对自己印刷出来的言语的"不朽化",强调他的文章和一些早期教父相比至少具有同等价值,或者突出其中一些文章,尤其是教义问答手册(1529)以及针对伊拉斯谟所写的讨论不自由的意志的神学小册子。与他其他只是因为历史的缘故而引起关注的作品不同,他希望这些作品继续得到传播并具有持续的影响力。

路德对自己的文学遗产有着含糊不清的评价和摇摆不定的期望,这符合他自我评价的辩证法,也与以保罗为导向的神学理解一致。保罗对神学的理解以此为特征:把"十字架的愚拙的道理"[①]变成世界真理的批判性标准。遵循《诗篇》第一百一十九篇,路德用三条"原则"(祈祷、默想、争执)来规定神学的任务,他就第一条原则描述道:"首先应该知道,圣经是这样一本书,这本书使其他一切书籍的智慧变得愚蠢,因为它们无一教导永生。"人的"感官和智力"在理解圣经时只会失败,因此人需要圣灵的帮助(祈祷)。第二条原则因此规定持续不断的默想,这种默想完全扎根于路德自己在修道院的实践:"另外应该默想——

---

① 和合本为"因为十字架的道理,在那灭亡的人为愚拙,在我们得救的人却为神的大能"(《哥林多前书》第一章第十八节)。

不只是在心里，还要有外在的表现，口头言语和典章文字交替，读，反复读……"一位好的神学家总是重新开始对圣经进行默想并且永不结束，不会在阅读一两次之后就感到满足，因为上帝在赐予他的灵时不是"没有用外在的言语"：只有通过不断深入"反刍"圣经才有可能认识上帝，上帝正是凭借进入圣经话语中的灵来展现自身。

在路德看来，正确学习神学的第三条原则是超越对圣经文本的专注，从祈祷-默想进入人的经验的矛盾之中。因为一旦已占有上帝的话的基督徒将这道理传播到世界，必然会引发魔鬼多方面的抵触。然而，只有通过这样，一个人才能"成为真正的博士"，因为这些争执正是"试金石"，不仅让人"知道和了解"，还让人感受到"上帝的话多么正确，多么真实，多么甜蜜，多么可爱，多么有力，多么能安慰人"。正是经过争执，经过在极端负面的经验范畴内对上帝的话进行存在的试验，信仰才变得真实。路德在自传中谈到争执的力量："就我自己而言，我非常感谢教皇们，他们通过魔鬼的咆哮对我进行殴打、催促和压制，把我变成了一位相当优秀的神学家，否则我永远也成不了。"路德的解经经验构成了其纲领性地理解神学的背景，这种经验是路德在与他那个时代的教会作斗争时获得的。因此他特别把这段话放在德语版第一卷的前言中，给后世留作纪念。

对路德来说，神学主要就是解释上帝的话，但上帝的话是一个动态的且活跃的真实，上帝在这个真实中、通过这个真实以及和这个真实一起在历史中行动，因此信仰努力朝向经验并且只有通过经验才能达到认知和确信。对圣经的理解就是一个无法完结并且超越其他任何理解性任务的任务。在最后的文章中，声称"在上千年之后把圣经和上帝之道公之于众"的路德，阐述了其神学存在冷静得惊人的智慧精髓："没有人能在维吉尔有关乡下和牧羊人的生活的诗歌中来理解他，除非这个人当了五年的牧羊人或农民。我认为，没有人能在西塞罗的信件中理解他，如果这个人没在政府中工作过二十年。没有人认为圣经已被理解透彻，如果这个人没和先知们一起引领教区足百年。"唯有经验造就神学家。

路德认为神学是对圣经实践性的、经验性的阐释，是人在上帝的话的视域中的自我阐释。这使得他的作品既生机勃勃又残缺不全。因为阐释是在此地此刻具体作出的；中断阐释或者不总是重新开始阐释，意味着切断言说着的上帝以他的话走向且一再地走向人们的道路。路德把神学理解为对上帝的话的无尽阐释过程，以此建立了一种特殊的神学类型。它在抗衡中发展，一方面同经院神学传统，另一方面同"狂热"-极端新教。前者要求通过系统阐述最终由罗马教皇教会担保的传统，在时间中确定永恒的真理，后者则在由圣经引起的、超出圣经证据的冥想以及个体的上帝经验中寻找目标和对权威的要求，而路德坚持：对信教者来说，只有圣经中的上帝的话可以在此地此刻成为救世的真理，上帝的话总是不断地被领悟和学习且无法超越。

路德以这种极端的方式,准备在圣经中且只在圣经中认识上帝的意志,他因此不仅仅站在了西方基督教历史中令人印象深刻的关键人物的对立面,还站在了他那个时代"进步"思想家的对立面。路德只有在和上帝的对话中才想和时代对话。在路德看来,上帝在圣经中以治愈人的、清晰的、无误的、明确的方式讲话。

路德的圣经

对路德来说,圣经就是生命之书。路德和圣经的亲密关系扎根于他的生平深处,而非来自同时代的虔信习惯,这种关系形成了由他发起的宗教改革的根基。路德二十岁的时候在埃尔福特大学图书馆第一次看到一本完整的圣经,他马上开始阅读并喜欢上了它。在进入奥古斯丁修道院之前,他获得了一本附有教会年历的释经书,里面有福音书文本。路德后来回忆,在修道院,当他对自己感到绝望时,就祈求获得一本圣经,后来他得到了一本红色皮革面的拉丁文版圣经,并开始读,一而再地读。路德的导师约翰·冯·施陶皮茨对路德广泛而非常精细的圣经知识印象深刻。年轻的修士路德和自己在埃尔福特的老师约多库斯·特鲁特费特尔意见一致,认为圣经相对于教会传统具有绝对优先权。路德的老师巴托洛梅乌斯·阿诺尔蒂·冯·乌辛恩在圣经和教会权威之间的标准之争中坚持:只有早期基督教教父才赋予了圣经明确的意义。路德与之不同,他片面地将圣经置于自己思想兴趣的中心。这在当时的神学中并非理所当然。

从一开始阅读圣经时,路德就期望着能在里面找到生活问题的答案。对圣经的专注成了他一生的事业,从中路德产生了新的看法、思考了新的问题。他对圣经的初步解释,也在反复阅读中深化和扩展。在有关圣经的知识方面,路德已经远远超越所有同时代的批评家,无论是来自教皇教会的"右派",还是来自自己阵营的"左派"。长达好几年,每年路德都要通读两遍圣经。路德用一些单词,比如"敲击"或"探听","冲击"或"品尝"来形容他对某些章节的阅读。路德和圣经生活在一起,生活在圣经里。圣经让路德感觉到死亡的可怕,也赐予其救赎的经验;圣经吸引他进一步了解其内容、了解上帝介入人类的历史,成为他生活的镜子和准则。在面对罗马教会和宗教改革内部反对者时,他坚持自己只能被圣经中的书面证据所驳倒。这符合当时的状况,即他知道他在自己的良心中被上帝的话迷住了;同时也反映出他确信在涉及圣经的重要真理时,自己是对的。与以前的教会和基督教历史相比,路德以令人惊讶的片面性倚重圣经,其原因只在于:对路德来说,圣经不是复调的或者隐晦的,也不需要教会来阐释,相反,它包含着一个核心的信息——基督身上的上帝之爱的福音。

路德在解释学上的激进主义也构成了其划时代的翻译作品的神学动机,这种激进主义从福音书中,从"基督的讲道"中,从"什么在驱使基督"中看到了圣经传统的核心。路德理解圣经时，把焦点放在"人们歌颂、传扬并为之开心的好信息、好故事、好报道、好呐喊"，这与传统的、同时代的路径截然不同。基督教早期教父圣哲罗姆认为，在正典的结构中，律法书优于先知书，福音书优于书信，马太福音优于约翰福音。这个观点很普遍并为后世所继承，路德在维滕堡的同事卡尔施塔特也赞同，路德却予以彻底拒绝。对路德来说，圣经的价值和意义只取决于，圣经——除了讲授基督的工作及其历史外——是否以及在何种程度上把基督作为上帝的救赎来传授："如果你知道那些学说和对象，这还不算知晓福音，相反，知晓福音意味着那个声音的来临，它说：基督和你一起生活、学习、工作、死亡、复活，基督是他是、他拥有、他做和能做的一切。"这个福音——上帝带来的愉快消息——就是基督"把他所有的好东西给予所有信仰他的人，即以他的生命吞噬死亡、以他的公正消灭罪、以他的祝福消除永咒"。在《旧约》的开头，《创世记》第三章第十五节，路德第一次获悉这条福音，它贯穿了律法书和先知书。《诗篇》对路德来说也是一本书，在其中他聆听到了基督鲜活的声音。路德认为《旧约》根本上是基督的见证，但信奉基督教的希伯来语学者拒绝了他的圣经解释学，最重要的原因可能是路德对犹太人以及这些学者的仇恨，尤其在后期越积越深。路德专注于"基督的讲道"，在《新约》中看出了内在的分级：《约翰福音》《罗马书》和《彼得前书》"在所有书中是真正的核心和精髓"。因为它们阐述了以下内容：信仰基督是如何战胜罪、死亡和地狱以及如何赋予生命、正义和喜悦的。路德也以这个福音标准来衡量《新约》的其他典章：他认为《雅各书》本身没有福音；《希伯来书》《犹大书》和《启示录》完全处于路德正统教义的边缘并且没有算在他自己的《新约》里。路德版圣经于1534年第一次完整出版，其中《旧约》部分的顺序遵循被1546年特伦托公会议宣布为权威的圣哲罗姆拉丁文译本，同时只把"伪经"——即没有纳入正统教义但被认可的经文作为附录。对伊拉斯谟或者卡尔施塔特来说，圣经中作品的有效性的根本标准是获得早期教会传统的认可，路德与他们不同，他在判定作品的正典性时，首先是以神学-解释学的专业标准，即以"什么在驱使基督"为准。路德版圣经独一无二的神学连贯性要归因于这一片面性，可能还要归因于语言上的卓越，后者使其在历史上产生了划时代的影响。

《旧约和新约》，老卢卡斯·克拉纳赫，木刻画，约1529年

当然路德并不是在宗教改革一开始便着手翻译圣经，他的翻译只有被看作特定挑战的结果时，才能被正确理解。在维滕堡思想界，路德甚至不是第一个公开要求有一本白话化的、针对普通教徒的圣经的人。这个美誉应归于卡尔施塔特：他从1519年起就开始呼吁，并主动加入人文主义宗教改革家伊拉斯谟的阵营，后者比任何人都致力于给普通教徒提供圣经阅读材料。1516年伊拉斯谟开创性地出版了希腊语版《新约》，这就使得基于原文来进行评注的工作变得十分必要。从1521年初夏开始逐渐出版了个别圣经作品的翻译，这些翻译都是以伊拉斯谟的希腊语版或者新的拉丁文版为基础。这些在路德之前的《新约》翻译大部分已经被维滕堡思想界所接受。而路德通过将自己置于越来越广泛的，特别是由城市市民支持的圣经白话化运动的最前沿，赋予了这个运动以新的方向。与卡尔施塔特不同，路德对德文版圣经的兴趣不是为了动员精神自主的普通信徒，他们是宗教改革的主体。也不像伊拉斯谟，路德的主要关切并非通过普通教徒的竞争压力来促进教士的教育渴望及改革意愿。路德想做的是使信仰福音成为可能，并通过上帝的话提升自我。与之前的节译不同，为了达到这个目的，路德需要一个完整版的《新约》。他还给《新约》以及其中的每部作品写了导读，以帮助普通信徒区分皮和核、律法和福音、基督和世界。

路德在前言中展现的《新约》解释学与他的神学系同事卡尔施塔特的学说是矛盾的。对卡尔施塔特来说，教导因行称义的《雅各书》同教导因信称义的保罗书信地位是平等的，因为它已被教会的正统教义所接受。由于对《雅各书》的有效性看法不同，在维滕堡早期宗教改革神学中出现了第一次分裂。很多人同意路德的纲领性原则，即"唯有圣经"，但他们中间也有不少人对这个原则的理解与路德不同，卡尔施塔特是他们中的第一个。

路德的《新约》翻译计划似乎在他1521年12月初从瓦尔特堡出发到维滕堡进行的一次短暂访问中成形。在与罗马敌基督的斗争中，《新约》将为"真正的教会"提供支持和安慰。梅兰希顿也督促他，一方面因为德语节译本的广为流行，《新约》面临分裂的危险，保罗书信尤其被边缘化，而这是路德最重点推荐的文本；另一方面，在自1521年夏天开始的维滕堡运动中，路德要面对一种新现象：普通信徒先知主义，它独立于外在的圣经之言。12月底，维滕堡出现了所谓的茨维考先知，领导人是织布工人尼古劳斯·施托希和前维滕堡大学生马尔库斯·托梅（也叫施蒂布纳）；他们声称自己拥有特殊的启示，就婴儿的洗礼展开论战——宗教改革时期第一次！——并且以先知属灵的直接性为名反对外在的礼拜仪式和教会机构。圣经（《约珥书》第三章）应许的末日审判时的圣灵降临，会在这些现象中显现吗？茨维考先知影响了他们以前的牧师托马斯·闵采尔和卡尔施塔特，在他们身上可以看出宗教改革前的胡斯派和瓦勒度派"异端"因素对宗教改革运动产生了影响。路德专注于圣经的外在之言，让具有阅读能力的普通信徒因为自己的翻译也能理解圣经。翻译圣经是路德作出的一个重大决定，他以此既反对极端宗教改革的唯灵论，也反对教皇教会的等级传统规则。

在瓦尔特堡，路德只用了十一个星期，就在希腊语原本和拉丁语版的基础上完成了《新约》的翻译，然后由古希腊语文学者梅兰希顿从哲学的角度进行周密修订，在1522年9月首次出版，也就是所谓的"九月《新约》"。凭借这一翻译，被正式宣布为"异端"的马丁·路德为宗教改革的继续传播以及新教教会的产生奠定了最重要的基础。在德意志之外，路德的《新约》白话译本也刺激了民族语言对基督教信仰契约的接受。在宗教改革成功的地方，就会出现圣经的白话翻译，其中有的成了第一部民族文学文献。宗教改革因为路德的《新约》翻译无疑变成了一场圣经运动。

就在"九月《新约》"——克拉纳赫给其中的《约翰启示录》附上了一幅木雕作品——的印刷准备工作进行得如火如荼时，路德开始将《旧约》从希伯来文译成德文。为了完成这个任务，路德和几个关系密切的伙伴，特别是梅兰希顿和希伯来语老师马特霍伊斯·奥罗加鲁斯在其后的十二年里一直规律工作，直到"路德圣经"首次完整出版。出版《新约》时，路德一开始就特别注意各书的统一性。到了《旧约》时，出于实用的目的，路德必须接受以人们买得起的价格分期分批地出版。出版最初很顺畅：1523年出版最初五本（《摩西五经》）、1524年出版历史书（《约书亚记》到《以斯帖记》)、诗歌(《约伯记》《箴言》《传道书》《雅歌》)及《诗篇》。然后工作搁浅:一方面因为路德生病,而维滕堡大学因为瘟疫搬迁到耶拿(1527年9月),这位改革家被诸事缠身;另一方面因为先知书的翻译带来了大量语言上的困难。此外,受过人文主义教育的再洗礼派领导者路德维希·黑策尔和汉斯·登克翻译的第一部完整的德语版先知书(所谓的"沃尔姆斯先知书")在1527年春天出版,同路德的形成了令人不快的竞争。尽管路德对这一译本的一些细节提出批评并且非常不满黑策尔和登克让犹太人参与了翻译工作,但维滕堡宗教改革家不能彻底拒绝承认他们的翻译。鉴于"沃尔姆斯先知书"在大众传播方面获得了显而易见的巨大成功,路德只能出版先知书的节译。当他的"先知书德语全译"于1532年出版时,他认为这是非常"可贵的"文学工作,几乎是自己最成功的翻译作品。他称,他的德文版比很多注解加在一起都更易理解。

有一些没包括在希伯来语正典中的"伪经",也就是那些在路德看来"跟圣经不能并论但有用并值得一读的"作品,他更倾向于在这方面利用梅兰希顿和尤斯图斯·约纳斯的帮助。1534年9月,完整的"路德圣经"终于出版,其中附有选帝侯的印刷许可、路德写的前言,以及一百一十七幅木雕作品,大部分是由克拉纳赫工坊根据路德的指示来完成的。第一版三千册很快就卖完了,1535年、1536年和1539年接着印刷了不加改动的版本。1539年至1541年间,路德和一个协助他的专家委员会对翻译进行了彻底修订。针对一部分复杂的翻译决定，路德承担最终责任，为此他有时会"十四天、三四个星期……找一个单词，询问一个单词"。路德直到去世前都在孜孜不倦地修改自己的圣经翻译，他觉得这是他一生最重要的成就。

1522年到1546年间有大约四百三十种"路德圣经"的节本或者全本出版，合计大约卖出五十万本，这巨大的成功证明路德的选择是对的。从语言史的角度看，"路德圣经"以及路德的其他文学作品具有深远的意义。在路德之前，人们就已经开始在德语区进行语言形式和书面语的统一工作，维滕堡宗教改革的印刷品加速了这一进程并使其更有活力，因为这些印刷品放弃了方言的表达方式。作为宗教和世俗文学语言的灵感源泉及德语的纪念碑，"路德圣经"在宗教环境之外也产生了巨大影响，影响力延续到21世纪。天主教的圣经德语译本诞生自与"路德圣经"的矛盾和竞争中，并且部分完全依赖于"路德圣经"，这个事实也说明：无论特伦托公会议如何试图禁止，对面向普通教徒的圣经的需求是压制不了的。由路德成功的圣经翻译实现的圣经白话化转向，持久而深远地改变了整个西方基督教。

路德清楚自己的圣经在翻译史上具有划时代的意义，他是为"服务基督徒"和"荣耀"上帝而翻译的。他指责坚信旧教义的批评家不是没有理由的：他们完全陷入拉丁语的世界，他们从路德的"阐释和德语"中才第一次学会"用德语说话和写作"；路德还要求"'沃尔姆斯先知'效仿他的德语"。针对迄今为止普遍存在的特别爱模仿拉丁文语言风格的现象——这在宗教改革前的圣经德语翻译中长期存在，路德坚持意义一致、符合目标语言特征的翻译："不是问拉丁语字母用德语应该怎么说……而是必须在家问母亲，在街头巷尾问小孩，在市场问普通人，看看他们怎么说，然后根据他们的说法来翻译，这样人们才能理解和记忆，这样才是在用德语说话。"然而，任何时候如果存在着漏掉希腊语或者希伯来语原文意思的危险，路德也认为有必要紧跟原文。在一些"晦暗"的章节碰到翻译问题时，他就求教于相对"明白"的章节，因为圣经就是自身最好的诠释者。最终基督才是赋予圣经以清晰性的人。阅读圣经要从基督开始，并朝向基督。但路德所进行的尝试——用自己的德语翻译应和普通人的语言世界——并不意味着"路德圣经"是"通俗的"，也不意味着他不讲究修辞艺术。相反，除了句子结构的韵律、修辞格，特别是头韵和尾韵，他还创造大量单词，显示了其高超的语言创造力。路德圣经的成功证明了他对"教皇党人"的优越感："我可以阐释，而他们不能。"同他前后出现的圣经翻译相比，路德圣经更多是他个人独特的作品。

讲台和布道坛

路德是无可指摘的修士、小心翼翼的讲道者及认真仔细的学术老师。在履行职责的过程中，路德用生命问题

"叩问"圣经，在圣经中寻找答案，但他热爱的教会毫不妥协地剥夺了他的生存权。历史赋予路德重任，要他成为异端教会的领袖。路德没有主动寻求这个角色。他跟随作为基督教原典的圣经，在学术上相信圣经的权威性及其作为证据的力量。他试图使自己获得的神学见解在服务教会和神学改革的过程中产生有益的作用。作为教会顺从的儿子，他深受失去信靠的痛苦，而这一失去是由以下因素造成的：表面的虔信实践；因为赎罪券而系统地腐蚀了忏悔的严肃性；在世俗世界看来异常豪华、等级森严的教会领导。但与其他同时代批评教会的声音不同，路德的声音来自更远的地方：来自基督教信仰的深处，来自他认为的最神圣的原典的中心，"来自正在说话的上帝本身"。至少路德是这么确信的。没有这个确信，路德不会接受教会——它在上帝和先知面前是有罪的——强加给他的异端角色。如果不是期望着神学真理可以，也必须整饬教会——这一期望在涉及教会的要求时是正当的，在涉及教会的现实时是幼稚的——他本会在顺从的儿子与反抗的异端这两个角色之间迷失自我，而无法着手完成历史赋予他的任务，建立"新的教会"。路德接受了这个任务，以修辞学精彩地转换了自己的位置，将自己置于新教教师权威的基座上，谴责罗马异端教会及其法律，并结合宗座的语言和手势发出怒吼："我，马丁·路德，圣经博士，维滕堡的奥古斯丁会修士，要让每个人都知道，通过我的意志、建议和行为，在1520年12月10日星期一还要去圣尼古拉……烧掉罗马教皇及其追随者的书。"开弓没有回头箭,路德必须是"真正教会"的代言人,他以"真正教会"的名义对教皇进行裁决。

路德在承担和践行"真正教会"的代言人这个闻所未闻的角色时,获得了一些机构的支持,这些机构的支持垂手可得并且与路德的存在方式有着一致性:作为神学教授在大学里教学以及在维滕堡市教堂讲道。两份职业的合法性都毋庸置疑:前者是君主或者说修会授予的,后者是维滕堡市政厅赋予的。路德作为托钵修士几乎没怎么从这两个职位中获利,这个事实也可能对他的声望非常有利。路德不依赖教会的薪俸制度,这使他比他的批评者更具道德优势,而他懂得利用这种优势。他受托完成的布道给他带来的个人收入很微薄,大约有八个古尔登,很长一段时间内这是他唯一的收入。他也没有从讲座或者印刷品中挣钱。直到1525年结婚后,路德才获得稳定的个人收入。

这两个职位的结合之于路德的工作和活动的重要性,再怎么高估也不为过。它们所带来的特殊机遇和挑战,使得宗教改革工作获得了决定性的塑造冲动。从1513年或1514年开始,路德作为讲道者定期每周多次,有时每天都登上维滕堡市教堂的布道坛,逐渐成为维滕堡家喻户晓且受人尊敬的人物。来自奥古斯丁修道院的讲道博士在市里和大学里受到欢迎,这构成了其后改革活动及影响的基础。路德一生都获得维滕堡的支持。早在以赎罪券争端开始的冲突发生前,路德就与维滕堡的市参议、教授、市民和大学生以及选帝侯的顾问们建立了信任关系。这种信任关系甚至不需要路德通过定期布道来确立和维护了。在路德被迫离开维滕堡而待在瓦尔特堡期间，宗教改革走向了路德不喜欢的方向，他回到维滕堡之后立即成功地、顺畅地、坚决地按照自己的想法纠正了运动的方向。如果没有维滕堡人对他的信任和较高的期望，这几乎是不可能的。

作为讲道者，路德有可能，也有必要以一种维滕堡市民容易理解的方式来准备和讲解自己的神学观点，这些观点是他在进行注释工作时获得的。这位能打动、教诲和安慰市民的修士总是关注自己神学的虔信实践维度及其与现存宗教的关系。因而路德神学的实践取向不是第二位的、次要的、外在的，而是根本性的。在1520年之前的那些年里，路德形成了对语言行为所处语境的高度敏感性。路德从事神学工作的两个地点——讲台和布道坛——促进了这种敏感性的发展。路德后来有能力驾驭并且看上去毫无困难地撰写"普通人"和孩子容易记住的歌曲或者小教义问答手册，是多年居中服务的结果，这种居中性是路德作品的特色，是他在维滕堡开始工作时就具有的，而且因为他的两种职业而得到促进。一些早期发表的作品很成功，比如对十诫进行阐释的一部作品就是以一系列讲道为基础的。他后来的一些文本也是通过斜面写字台由布道坛最后进入印刷业。他一些获得成功的早期作品多次或者基本上是以布道为基础而完成，这使他作为"宗教普及作家"而闻名遐迩。因而，就路德得以成为一名宗教改革家的才能而言，他作为维滕堡市传道士的兼职起着重要作用。路德的布道被印刷出来后非常畅销，这导致从1522年开始总是有一部分未经许可的，甚至真实性存疑的抄本被卖到维滕堡以外的地方。某些情况下路德被迫把修改或者修订过的版本公之于众。他的所有文章都要经过维滕堡大学的审查并只在维滕堡出版，还需要选帝侯的出版特许或者商标，如基督小羔羊和路德玫瑰。路德从1524年开始使用这些商标，试图以此保护自己的文字，并在没有版权的世界中保证维滕堡印刷品的销量。

原则上，直到去世路德都在履行双重职业的重任。对维滕堡教区来说，路德是清晰可见和现实的存在，同时也越来越作为活着的纪念碑而存在，受到学生、著名学者或王侯的顶礼膜拜。一些后来的大学神学家和路德宗的教会领袖于1530年代或1540年代在维滕堡学习过，他们觉得路德在布道坛上比在教室里更令人印象深刻。路德在大约三十五年的教学生涯中只开设解经方面的讲座。这并非预设好的，但符合他的自我认知和他对神学任务的界定。不能忽略的是，路德在早期讲座中不仅使用他那个时代博大精深的人文主义辅助材料，还使用被认可的"基督教早期教父"的注释以及中世纪诠释者的一部分作品。在从1535年开始的后期讲座中，也能看出他密集地、公然地但首先是批判性地使用犹太拉比们的解释，来讲解圣经的第一本书《创世记》，路德直到去世都还在研究它。注释就从这大量的讲座中产生，路德要么自己让人印刷，要么根据听者的笔记印刷。1520年代根据圣经翻译的需求，他选了《旧

77

约》中的一些作品在教室里探讨。尽管路德与杰出的人文主义者意见一致,即明确赋予字面意义之于寓意以优先权,但他并没有放弃在他看来具有神学意义的内容,偶尔还过度地使用它们。路德的圣经注释也总是在他的存在视域内把握圣经文本。一些注释作品,比如所谓的"小《加拉太书》注释"(1516/1517;1519年印刷)、"大《加拉太书》注释"(1531,1535年印刷)、第二次《诗篇》讲座(1519—1521)或者《创世记》解释,对同时代的读者或者后来的路德宗神学家来说都是关键性的文本。相反,20世纪初以来对路德手稿的研究,已将兴趣的中心转到他的早期讲座(第一次《诗篇》讲座,1513/1514;《罗马书》讲座,1515/1516;《希伯来书》讲座,1517/1518),而在当时,这些讲座只对听过讲座的人产生过影响。其他接受史的研究结论几乎没有关注这部分早期讲座。路德的讲道工作和学术工作的连续性,使他不至于在生活中的某些时段完全陷入论战并消耗掉大部分精力,保证他能完成圣经翻译及翻译修订的基础性工作。

维滕堡大学是个特别的地方。正如路德意识到的,它处于当时的权力、贸易和文化中心的边缘,即"文明的边缘"。维滕堡大约有二千到二千五百名居民,是恩斯特-韦廷王朝继托尔高之后的第二个王府城市,但它的地理偏僻,和1502年才新成立的大学一样,对于路德和德意志宗教改革的历史来说无关紧要。路德执教之初,大学没有杰出的权威人物和有威慑力的传统。统治这里的选帝侯腓特烈为了实现自己野心勃勃的计划而成立了维滕堡大学。从成立之初，它就与阿尔布雷希特领地内的莱比锡大学（成立于1409年）及美因茨选帝侯的埃尔福特市立大学（成立于1392年）形成了特殊的竞争关系。在赎罪券争端中维滕堡神学教授路德越来越有名望，萨克森选帝侯对路德的保护政策也明显地服务于大学的政策目标，因为大学每年的注册数量从1517/1518年开始明显增加（1517年242人，1518年273人），从1519年开始甚至出现飞跃（1519年458人，1520年579人）。从学生数量方面来看，维滕堡大学很快超过帝国内其他所有大学，并在路德生前一直保持在这个水平，尽管其间德意志所有的大学或多或少都经历过经济上的动荡。当其他所有的大学因为宗教改革陷入深重的或者部分难以为继的危机时，这个毫无传统的维滕堡大学把未来新教在教会和社会方面的活动精英聚集在自己周围，这是以前任何一所德意志大学都不可能办到的。原因自然不只是路德这个人。从1520年代以来甚至经常出现这种情况：人们冲着路德来到这里，但留下来主要是因为梅兰希顿，后者作为艺术系和神学系的老师、组织者和大学改革者，为宗教改革期间大学学习计划的制订作出了决定性的贡献。在确立大学的学术建制方面，路德的功绩首先在于：他认识到一位年仅二十一岁的学者的天赋，这位学者1518年被维滕堡大学聘任为希腊语教授。路德和他一起进行大学课程改革，在其他方面则让梅兰希顿就"高校教学法"自由发挥其创意想象。维滕堡大学是第一所开设希腊语和希伯来语课程的德意志大学，这使得这所位于萨克森的高校成为帝国最时髦的大学，并且超越路德和伊拉斯谟个人之间的不和，确定了"人文主义"和"宗教改革"的紧密联系。维滕堡大学在同时代大学中获得的领导地位，为在萨克森内外贯彻人事政策、实施"新学说"奠定了决定性的基础。

宗教改革期间维滕堡在大学史上获得的特殊地位，使得维滕堡大学直到17世纪都是路德新教的智识中心。处于起步阶段的大学起初聘用的老师大都是年轻人，这也有利于大学的发展。教师代际之间的相对一致，要让一所新大学成名的压力，还有这些选择了一所默默无闻的大学的学生的期望，这一切形成了一种创造性的张力，促进了同事之间的交流，并开启了教授和学生之间新的交往形式。当路德和卡尔施塔特去莱比锡，跟来自因戈尔施塔特的知名同行约翰·埃克进行辩论时（莱比锡大辩论，1519年夏），他们不仅被正式任命的维滕堡大学校长和一部分同事跟随，还被大约二百名维滕堡大学生组成的突击队陪伴着。围绕路德的争论触发了作为整体的维滕堡大学的"集体认同感"，学生们为了支持自己的教授甚至用了一些明显可疑的手段。但路德注意与此保持距离。维滕堡大学的学生在早期宗教改革运动的发展中起着举足轻重的作用：他们通过自身的流动，为新思想的传播作出了贡献；他们作为"路德学说"的传播者，在其他地方热情地宣讲和鼓动；在维滕堡，尤其是路德待在瓦尔特堡期间，为了实施教会改革，他们要求和支持极端化的行动方式。有一段时间，维滕堡的运动具有学生造反或者由知识分子发起的青年运动的特征，这似乎是历史上第一个以这种方式闻名的例子。年轻的教授们比学生们还积极。维滕堡的大学教师们来自教会、神学以及当代科学的内部，他们发起反对教会的运动并扛起反对教会的大旗，大部分教师才刚四十岁出头。

路德作为托钵修士和教授获得了社会的根本认可，这极其有利于他的声音被听到——最初是在受过教育的人那里。从这方面来说，这个事实也是决定性的：宗教改革发源于大学，它的第一批宣传者是大学教授。路德非常清楚这种状况，他的神学博士学位尤其成了他最重要的工具，用以将自己对权威的诉求合法化，先是反对"教皇党人"，后来反对自己阵营中的"狂热者"。这位严肃的托钵修士对其维滕堡同事、世俗神职人员卡尔施塔特的自我表演只有嘲笑和鄙视——卡尔施塔特放弃自己的学术头衔，穿着灰色大衣，戴着农民的毡帽，为了表示对普通教徒的属灵状态的重新评价，自认是"新的普通教徒"，并让人称自己为"安德烈亚斯兄弟"。基于这一信念，即上帝赋予人以社会性的差异，路德的等级秩序观念深深反对巴结讨好学生或者社会底层的普通人。

路德要与人讲道，要安慰人和教导人，但他与这些人保持距离，这种权威性的距离源自他的教授职位和传道士角色。在这种距离受到侵害的时候，路德会要求距离感。例如，1524年8月，路德在选帝侯约翰·腓特烈的要求下去东图林根视察。这个地区受托马斯·闵采尔的影响，更受卡尔施塔特的影响，后者因为1523年与路德发生冲突而回到萨勒河谷奥尔拉明德市的一个教区。卡尔施塔特实施的教区宗教改革方案规定普通信徒要积极参与，这些普通信徒也致力于独立释经，不害怕明显地侵犯既有的教会体制，比如以激烈的方式拿掉画像或者攻击修道院。对路德来说，这种火山爆发似的措施是针对"弱者"的无情行为，所谓"弱者"是指那些还没完全坚信新教福音的教区成员。此外，他在其中看到了政治上的骚乱。在视察奥尔拉明德的时候，他将博士四角帽戴在头上，拒绝按照礼节对市政代表团表示敬意。奥尔拉明德人在一封信中称路德为"基督里的兄弟"，他在谈话中激烈地反对道："你们没有授予我这个博士头衔，这是一些诸侯和君主，也就是我的敌人授予的并且没有收回，因此我把你们的信看作敌人的信。"路德希望以这种方式，通过学术地位正式的权威来克服"无秩序"。实际上，路德的角色扮演只是承认了他所推动的在方法上可控的、学术性的圣经解释同普通教徒在神学上自发的圣经实践之间有着不可弥合的疏离，这种圣经实践要求虔诚的自主权，不想再被一位思想狭隘的"圣经学者"以及社会和政治建制的代表限制。这种类型的经验使路德变得冷酷无情，但也说明了他的苛刻要求。

农民战争造成的严重破坏以及自1520年代中期以来在视察过程中积累的经验使路德更加坚信，明确清晰的等级秩序是上帝和政治理性的要求。路德的政治保守主义受到了闵采尔以及后来的马克思主义者的强烈批评，当然，它并非出于投机地适应时代的大人物和强权者,而是相当符合其以圣经为基础的等级神学。为了维护世界和建设自己的教会,上帝设立了三个等级:教育阶层(宗教),保卫阶层(政治)和供养阶层(经济)。这个基本静态的基督教社会理论模式保证了各个阶层完成不同的任务,但同时又能使各阶层共同为教会尽责。此外它还有社会批评的目的:如果个别阶层没有完成为其设立的目标并越界,比如教士阶层的代表进行政治上的鼓动或者政治阶层的代表阻止宣布福音,那么这就破坏了上帝所希望的秩序,要采取措施予以制止。在当时的政治条件下,路德用创世神学来论证的保守主义是"现实"的选择。这位异端教会领袖最后要感谢世俗当局,不仅仅因为他自己的生存,还因为宗教改革事业的成功。对于当时并非不为人知的乌托邦社会构想,路德毫无兴趣,如果说他有注意到它们的话。鉴于末日审判的临近,重要的是维护法定的秩序而非建立新的秩序。

路德从他在讲台和布道坛所持有的教职权威中获得和发展的改革构想,为政治和教会精英的密切合作作了准备。作为宗教改革信息最重要的传播者,牧师的指示首先通过讲道活动的影响得以传播。路德对礼拜天选读的圣句进行阐释并以祈祷书的形式呈现,改革了讲道的方式。应该借助所谓的大教义问答手册来保证牧帅的神学基础教育。在视察工作中,尤其在1528年至1529年间路德积累了以下经验:有些东西混乱无序,因此需要可以实践的宗教改革"实用文献"。但在世俗当局的委托下,作为视察委员的路德依然是传道士和教授——他讲述"真正的教诲",以牧师及其教众能够使用和学会的方式,这些牧师属于第一代宗教改革的牧师,学养有限。他的小教义问答手册(1529)用于更基础的人群,即孩子和"头脑简单的人"。针对当时的现实生活世界,路德对基督教最神圣的基础性文本——十诫、主祷文和使徒信经——进行解释,使之成为基督徒的"常备配给"。被教授的信仰和被实践的信仰、路德的信仰和新教基督教界的信仰,共同汇聚在基督教学说的顶峰——"我的上帝,我的信仰,我的救赎"。

上帝的创世和世界的政治及民事秩序

在被诅咒的异端路德的世界里,修道院的生活秩序和教会传统不再带来救赎的确定性。上帝的话、个人的信仰确信以及职位的合法性破坏了路德对"旧"世界的确定性,但同时也使其能在"新"世界中重新定位。路德在这个新世界中内心自由,但身体被逐出了法外,也即有生命威胁。萨克森选帝侯领地保护区之外的每个人都可以对他处以私刑这一事实,在他生命的最后二十五年里严重限制了他的移动。但即使在维滕堡,他也害怕被暗杀,因为他有许多敌人,并且他相信还有更多的敌人。根据那个时代学者的标准,路德生活在狭小但并非封闭的世界中。

对欧洲之外的而且在后来被认为具有世界历史意义的探索,在路德的童年时代就已经出现,但路德并没有什么兴趣。他几乎没有提到与这些探索有关的、非常丰富的旅行游记和报告文学。路德了解西班牙和葡萄牙从拉丁美洲进口大量黄金，这影响了欧洲的经济生活。他以物品交换经济学为原则，坚持公平的价格和适当的利息，旨在反对大的远洋贸易公司（如奥格斯堡的富格尔家族）无节制的资本积累，从而使基督教的爱的标准发挥良好的作用。远方的世界吸引路德，首先是因为它们对他的生活以及信任他的教众产生了影响。这种基本态度也在路德处理来自陌生世界（即已经威胁到或可以威胁其生活的世界，如奥斯曼帝国或"邻近的"犹太人）的消息时得到证实。路德对威胁到现实的陌生世界产生了更大的兴趣，甚至参与传播自己所熟悉的相关文学作品，因为对土耳其人威胁性的进攻或者假想的犹太人的阴谋提出警告很有必要。根据他对自己职位的理解，他感到自己必须这么做，因为他坚信：在审判面前他必须对信任自己的灵魂们负责。

路德的"精神世界"既非极其宽广，也不过分狭隘。他被圣经决定，其强度超过之前任何一位神学家经历到的。对于后来被认为具有革命性的、建立了日心世界观的哥白尼的天球理论，路德一点也不理解。他从中只看到了对虚荣的爱慕："谁想聪明，就不应该喜欢任何其他人重视的东西，他必须自己做点什么特别的事。"此外，地球在运动的观点与约书亚命令太阳停留（《约书亚记》第十章第十二节）相悖。从这些评价中可以明显看出，路德在怀疑中总相信圣经是对的。他也深受修道院传统的影响，对虚荣和无用的好奇心的戒惕，已经成了他的第二天性。相反，对那些于人类明显直接有用的发明和知识，路德采取开明的态度，甚至赞美它们是上帝的馈赠。这自然首先针对印刷术，但也针对园艺、养鱼、农业及矿业技术方面的创新。对药理学和医学，只要它们超出饮食学的范围，路德就持怀疑态度。他不允许饮食学的规定对自己的生活产生影响："我吃我喜欢的东西；如果上帝要我死，我就死。"在大学的三个高级系科中，医学对路德来说自然处于最低的地位，因为医学只关注人的身体和智力以及有限的世俗生活。

路德对法学家的态度似乎一生都有所保留。他很是烦恼，因为法学家不打算从属于神学家，即便在大学里也是如此。这首先涉及某些事实问题，在这些问题上路德认为能明确地从圣经中选择材料并以圣经为准来作决定，因此拒绝其他法源。比如禁止结婚的亲属范围就是这种情况。相反，法学家（包括新教法学家）认为有必要重新使用教会法的规定。同样，对于未获父母同意的秘密订婚，教会法和一些法学家予以承认，而路德援引圣经中孝敬父母这条戒律来据理力争。但路德不喜欢法学家的原因，不仅仅涉及个别教会制度或者政策走向问题，而是根本的天性。法学家冷静的或者精于计算的"世俗智慧"、形式主义以及对制定规则的癖好，引起路德的反感并且违背其与人交往的方式——路德看重个体和个人的交往。比如当一位富有的奥格斯堡市民送给他一个昂贵的酒杯时，一位在场的法学家请他为礼物写收条，路德觉得这是对他的不信任，他难以忍受:"我写的书遍布世界,他们却待我如同无名之辈。"在与同座谈话时,路德以更激烈的方式发泄怒气:"在我给他们这样的收据之前,我会在酒杯里拉屎拉尿……"大多数时候路德认为法学家是诡计多端的狡猾之人,他们总是考虑自己的利益,想让别人上当或者破坏人与人之间的信任。路德认为基督徒会出于信仰,自发地、不加掩饰地援助邻人,这种理解同法学家的职业和观念根本无法兼容。

因为路德的世界观主要受圣经影响,所以他特别对具体的事实和观点保持开放的态度。比如他对自然的美非常敏感:"整个造物是最美的书或者圣经,上帝在其中描绘和复制自身。"去世那年路德在罗马自然哲学家普林尼的一本书中如此写道。在路德的讲道、讲座和书信中,自然总是作为比喻被提及。比如他用光的力量来解释圣餐中耶稣身体临在的奇迹;春天的转潮期在他看来就像圣灵在做工;美味的淡水鱼或者灵敏的家犬特佩尔也成为他赞美上帝智慧和仁慈的理由。在科堡期间,他观察到寒鸦和乌鸦的忙碌,由此想象1530年奥格斯堡帝国会议上发生的事,作为受迫害的异端他被禁止参与会议。对自然之书的阅读扩大和丰富了路德在圣经之书和历史之书中学到的东西。

从这个意义上说,路德的世界并没有像他自己一直觉得的"受到限制"。相反,在这个适合他的宗教世界里,这个被驱逐和被诅咒的人借助福音安顿下来,获得了他迫切需要的庇护空间。因为这个世界是上帝精准定义的世界,是上帝以言语、圣餐中的面包和葡萄酒而临在的世界。在路德的世界里，上帝没有被排除在外，而是近在咫尺。上帝作为时空意义上全面的、遥远的、超验的现实时，路德并不关心。遥远的、隐秘的上帝不适合我们，跟我们没有关系。路德的上帝是人们发自内心信任和信仰的上帝，是人们可以在"一切苦难中期待美好以及寻求庇护"的上帝。这样使人确信且近在咫尺的上帝以其临在创造了庇护空间，并以有效的方式约束充满敌意和威胁的世界。

路德的保守主义世界观同绝对革命的上帝观有关，这种观念撕裂了划分天堂、尘世和地狱的等级模式："上帝不是那种可延展的，用长、宽、厚、高、深来形容的存在，而是超自然的、无法探究的存在，同时又完全存在于一小粒种子中，在一切造物之中、高于一切造物又在一切造物之外……上帝比最小更小，比最大更大，比最短更短，比最长更长，比最宽更宽，比最窄更窄。上帝是无法言说的，它在人们能够称呼或者想象的一切之上、之外。"这个被上帝拥抱、被宗教有效地限制的宇宙是上帝创造的世界，也就是说，它不仅不是原初存在的，更重要的是还在不断以新的面貌存续。随着修道院世界的崩塌，基督教界的牧首罗马教皇完全成了敌基督，政治权贵们在皇帝的庇护下收获的不是信任而是怀疑，而路德对上帝的确信带他进入了这个世界并且为他指引方向。路德在论战反驳中越来越肯定上帝是世界和历史的主人。这种肯定来自他的信仰和经验：任凭所有魔鬼的攻击、所有的迫害和所有的敌人，他还是因上帝的缘故被拯救并获得安慰。

结束修道院的岁月之后，路德义无反顾地生活"在世界中"，也就是在市民职业和社会责任的范围内。当然，像路德这样从修道院"出走"特别离奇。在一篇为宗教改革批评修道院制度开先河的文章中，他谴责了在法律上具有终身强迫性质的誓言，由此引发了一大批人出走修道院。路德以作为神圣权利和上帝馈赠的福音自由为名，打破了强迫人违背良心的誓言，并反复教诲：建立在洗礼基础上的对上帝的义务才是每个基督徒唯一有约束力的誓言。这种激情昂扬的福音自由，从神学上消除了修道院或者教士的上层特权，确立了在上帝面前平等的、拥有自由的权利和义务的社群在宗教上的平等。作为一种自愿选择的生活方式，路德依然认为修道院的生活是合法的。对路德来说，这恰好是对自由的保障。他的批评者因此指责他前后不一致。路德生活实践的矛盾首先在于：他一方面成为修士和修女最重要的解放者，一方面又继续穿着修会服装出现在公众场合，甚至直到1524年10月，他外表看上去仍毫无变化，似乎还生活在维滕堡的奥古斯丁修道院里。尽管路德本人引起了世界历史的变化，他在维滕堡的地址和日常生活的基本坐标在1512年到1546年间却没有任何变化。但自从路德不再认为自己是修士以来，他就不再生活在修道院宗教文化的特殊世界里，而是生活在市民社会中。

路德对世俗职业和社会的理解与其他的"世界观"发生冲突，这让他度过了人生中一段最戏剧化的时期。农民战争期间发生了一次特别激烈的冲突——1524/1525年的这场影响广泛的军事-政治事件,如今被视为一次"普通人"的革命起义。农民战争较晚才进入路德的视线,实际上他最初的看法以个人视角为出发点,形成于特定的时间段,即图林根-萨克森起义期间。农民战争震撼了古老帝国的大部分疆域,但路德很难对整个事件的规模有清晰的概念,甚至无法了解。而这具有不幸的决定性意义:因为路德不是别人,而是路德,也就意味着,一旦路德在公开场合行动,无论他的声明的根据是否狭隘,他说的话都会超越地域的限制,获得整个帝国的听众。

农民战争在路德的一生和整个德意志宗教改革的历史中都是重大的转折点。口语化的宣传册大量减少,普通信徒阶层对同时代争论的参与也随之减少。随着农民战争的进行,与宗教有关的军事暴力问题凸显为一种威胁,这一直是当时的热点话题。路德失去了普通民众的支持,这些民众曾把根据神圣权利要求社会平等与维滕堡人路德为福音自由而进行的斗争相提并论。没有什么比路德在农民战争期间出版的作品,更损害他在起义的农民和同情的市民中间的声望。这尤其令人伤心,因为路德是那个时代少有的与农民保持良好和积极关系的知识分子之一。比如路德天生就不了解在人文主义者中流行的傲慢,从不认为农民"愚蠢"、笨手笨脚、粗鲁。在宗教改革的大众传播中,如果没有路德,没有"锄头汉斯"这个文学形象(1521)——一个机灵的新教农民,在修辞上胜过自命不凡的学者——那么农民阶层的地位提升是难以想象的。还有一件事加剧了农民和其他人对路德支持度的下降：路德认为他们的诉求过于片面地受托马斯·闵采尔的影响，后者宣传上帝帝国的启示论，树起用武力消灭无神论的旗帜。路德近乎强迫性地关注这个来自自己阵营的主要敌人，这妨碍了他的判断：闵采尔神学对农民的影响不像他想象的那么至关重要。事实上，是路德先把闵采尔塑造成了1523—1525年间农民起义时期的核心人物。

在这些事件的压力下，路德传播的调子和倾向发生了戏剧性变化。他在最初印发的声明中还非常明确地认可农民阶层的社会困境，认为王侯、领主和高级教士应该为此负责，但渐渐地，这种态度在其后的言语表述中被边缘化。他可能在其中看到了滥用的现象：农民要求宗教改革的福音是为了自己的社会和政治诉求。他看到自己的事业和农民的事业被相提并论，对他而言这是在拿世俗当局的支持冒险，而世俗当局迄今为止一直为宗教改革保驾护航。另一方面，路德也许对起义者在图林根引起的恐慌还有直接的印象，因此得出结论：农民已经偏离先前的路线，变得过度激进。在路德看来，制止农民的胡作非为是拥有最高世俗权力的基督徒的义务。当然，我们不了解路德在起义地区旅行过程中亲眼看到或者实际经历的细节。他自己的判断也完全有可能依赖曼斯费尔德伯爵领地附近的反击者提供的片面信息和解释。但有一点是很明确的：路德被震撼到了——他的布道在农民那里行不通了。比如在诺德豪森，当他援引钉在十字架上的耶稣劝诫人们要宽忍时，人

91

们用混乱的铃声向他表示讥讽。路德试图在图林根地区接近起义者，但起义者认为路德已经成为他们恨之入骨的制度的代言人。他再也不能用言语的手段接近和说服农民了，这使他甚为苦恼。因此一定是魔鬼在作祟。路德的《反对农民中穷凶极恶的人》相当于对农民进行毫无限制的血腥屠杀的许可证，这本小册子勉强于1525年5月初写成，并且赶在5月15日关键性的弗兰肯森战役之前出版。坚信旧教义而反对路德的人轻轻松松就把维滕堡改革家描绘成暴动的发起者，要对被无情且恼怒的诸侯联盟杀害的成千上万的农民负主要责任。历史事件本身在当前的政治时事中碾压了路德这位杰出的大众传播战略家。如果呼吁镇压起义看起来还算合理，那么他呼吁屠杀农民，并将这种屠杀评价为宗教上值得赞扬的行为，就是非人的了。路德对滥权的司法机构的严厉批评，也不及他反对被闵采尔煽动的农民的长篇激情独白。路德骂弗兰肯豪森的谋杀者为"发怒的、疯狂的、愚蠢的暴君"、野兽和猪猡，并指责他们侮辱农民领袖闵采尔怀孕的寡妇，但这只被少数同时代人留意到。没有进行任何战略上的思考便去扮演政治鼓动者的角色，路德以此对自己提出了过高的要求并且用力过度。

　　路德对农民战争的公开观点使他在道德和神学上的影响力降至最低点，但不能就此认为这位进入现实生活的神学教授缺乏政治方面的能力，这样的结论是不公平的。相反，路德发起的宗教改革的成功很大程度上归功于其收获了城乡

《《

萨克森选帝侯约翰·腓特烈、维滕堡宗教改革家们以及他的政治顾问。选帝侯左边是路德，路德后面是格奥尔格·斯帕拉廷（选帝侯的秘书及与维滕堡最重要的联系人），选帝侯右边是其首相冯·布吕克，最右边是菲利普·梅兰希顿。老卢卡斯·克拉纳赫，油画，1532/1535年（艺术博物馆，托莱多／俄亥俄州）

政治领导人的信任和信服。路德最成功的宣传册，即1520年夏天的《致德意志民族的基督徒贵族》和其他一些出自1520年代早期的纲领性文章（如1523年的《论世俗政权》，1526年的《士兵也可以幸福吗》），透彻地澄清了福音与政治、"教会"与"国家"之间的关系。同时路德也批评了当时的教皇教会，他的批评对许多同时代的人来说是很有说服力的。在这么做的时候，他广泛听取了德意志民族对罗马的谴责，这样的谴责自15世纪后半叶以来在德意志帝国会议上已被提出和通过。路德告知帝国境内的所有政治领导者：教皇的统治没有完成其被委以的属灵任务，相反剥夺了所有基督徒解释圣经的权利,并将自身凌驾于世俗权力之上。路德对教会状况的无情诊断,不乏自中世纪盛期就众所周知的批判成规。他可以指望政治统治者会同意自己的观点。他的诊断和他的治疗建议同样建立在这个基本观点之上:教会负责灵魂的救赎,国家负责外在的秩序。如果国家自以为拥有宗教代表权或者教会追逐世俗政治利益,就会产生"无秩序"。因为上帝用不同的工具掌管着教会和国家(二元统治学说),这是一定要区分开来的:对国家用剑和法律,对教会用福音。在教皇统治下的腐败教会导致了危机,对此全体普通教徒,尤其是被委以政治职位的统治者,获得授权,有义务进行教会改革。这最好通过德意志民族宗教会议和德意志帝国教会框架内的教会改革来实现,这是路德1520年的想法,但后来没有实现。这种从根本上区分"教会"和"国家"、宗教和社会、信仰和政治的现实主义是路德政治理论的特点,它与奥古斯丁的《上帝之城》这部西方思想史划时代的著作之一有关,意味着在正确理解两者利益的基础上区分永恒的救赎和尘世的幸福。

受到农民战争事件的压力,身陷执著于对抗闵采尔的混乱中,路德没想让自己的政治理论观点的分析性潜能完全发挥作用。来自内部阵营的批评者看到上帝的灵已经远离了路德。路德知道,闵采尔之死"是我的责任"。他用笔杀死了闵采尔,因为这个人——如路德坚信的——想杀死他的基督。

世俗世界中的基督教团契

独居的生活方式不符合路德的个性和信仰。基本上路德一生都在寻找并且生活在人的团契中：作为中学生、大学生和修士住在父母家，后来作为一家之主和妻子卡塔琳娜一起在曾经的奥古斯丁修道院里共同打理"整个家庭"。这个大家庭除了孩子，还有仆役、来自他自己和妻子家中远远近近的家庭成员、来访者、大约十个到二十个寄膳宿的学生、一部分学生导师，共三十五到五十人，人数几乎不少于在修道院生活的时候。开放性的客厅和饭厅常常挤满了朋友和来自城里的同事，他们在吃饭、过节、家庭纪念日的时候在路德家相聚。路德遵守在修道院养成的习惯，一天中要留出一定的祈祷时间，并以自由的但并非没有约束力的方式建议人们这样做。在路德家里，吃饭的时候要唱歌，饭后他偶尔会讲解一篇《诗篇》。奥古斯丁修道院作为新教的"家庭教堂"，依然是表现基督教虔诚的示范地。在小教义问答手册中，路德为构建新教虔诚提出建议，想把严肃的基督徒身份和得到肯定的尘世生活结合起来，这无疑在路德的家里也得到了检验和实现。小教义问答手册直到20世纪都在影响路德新教的虔信，其持续性作用可能也植根于路德"家庭教堂"中的生活世界。

一位拜访过路德家的人在1540年代早期嘲笑过他家那一群人，年轻姑娘、大学生、寡妇和年老的妇女居然生活在同一屋檐下。这个人声称，很多人因为这种闹嚷嚷的场面同情路德。路德的生活风格不符合学者的住宿理想，不符合同时代的习惯、礼仪以及"自我形象"的常规。这位前修士在前修道院的居住环境，根据时代的标准实属"怪异"，它是一个生活空间，即一个"群落生境"、一个围绕着路德的社会，使得这个被诅咒下地狱的异端拥有"地上的天堂"。路德肯定很喜欢这种日常的忙乱，人们在其中生与死、笑或哭、祈祷、烹饪、酿酒、深入讨论和玩耍。他对此毫无抱怨。他也许拥有改变外在生活方式的"力量"，但似乎从未认真考虑过独居的可能，从1521/1522年开始他无疑是可以这么做的。他寻找并需要人的团契。

在瓦尔特堡受选帝侯保护的那段时间，路德离群索居。那可能是路德在文学上最具创造力的时段，但他个人也受了很多苦。他缺乏与熟人、朋友、同事、学生和"教众"之间的交流；他被寂寞折磨着，并且出现了——似乎是第一次——心理疾病的症状，他将这些症状解释为上帝或者魔鬼附身，总之是个人的"十字架痛苦"。当福音"因我们而蒙羞"，路德决定冒险回到维滕堡。他对新教福音——路德像使徒保罗一样声称，这福音"不是来自人，而是只来自天堂，通过我们的主耶稣基督"——的责任具体表现在对相信福音的教众的责任，包括保护他们免受错误学说影响的义务。在路德看来，一定要公开宣讲福音，而且要在福音得到回响、相信上帝在基督里的和解的地方成立教区，即耶稣基督的教会，因此与基督徒同伴的联系是天然地内在于他的。路德毫不含糊地拒绝神秘主义的救赎之路，进而反对自我称义的观念，即一个人可以通过精神内省，自主地建立与上帝的关系，并一步一步地接近上帝；同时，路德尤其反对所有神秘主义的私人化和唯我论基础。尽管路德认为与上帝的关系和救赎确定性的关键在于"我的"（他自己的）信仰，但也正是这个个人信仰确信的使徒，以此前神学家几乎没有的直接，强调基督徒存在的团契关系。因为福音本身便带来团契，并且需要团契以使福音被听见。路德对教会的观点和神学方针乃基于他把福音理解为创造团契、开启关系的上帝之言。

路德决定反对修道院和祭司职分构成的特殊的宗教文化世界，意味着他赞同市民、农民、贵族及世俗世界的生活。虽然从神学上来说，这个决定与他发现相信上帝的鼓励，即相信上帝的福音同时发生，但在自己的生活中以切实可见的方式实施这个决定，还要等到农民战争期间。这个决定也并非宗教改革长期战略计划的结果。对路德本人而言，也对宗教改革而言，同年轻的还俗修女卡塔琳娜·冯·博拉于1525年6月13日结婚的决定，"对世界"是一件幸福的事情。当世界发生翻天覆地的变化时，路德有段时间处于完全的迷茫之中，他似乎想寻找个人的幸福，或者如信仰正统教义、赞成独身、压抑而高傲的批评者嘲笑他的那样，想释放自己的色欲。这个决定不仅受到诸如伊拉斯谟的批评，连朋友梅兰希顿也认为他轻率或者至少不明智。路德自己知道，时机不那么合适：在自己最不受欢迎的时候被怀疑性方面的问题，肯定会严重威胁到自己作为虔诚的修士、准备殉难的学者和毫不畏惧的传道士的神圣声望。当然不排除路德也感觉到了对二人世界的向往。他毫不隐瞒修道院计划之所以在他身上失败,是因为他感受到了自己的身体和性冲动,他不是木头和石头。此外,父亲渴望有个后代。不过,因为其个人形象总是暗示他即将殉道,他那时仍然拒绝了结婚的可能性,虽然他成功地证明了这种婚约在基督教上的合法性。直到1525年夏天,各种压力蜂拥而至——农民战争失败;与伊拉斯谟的争论消耗了许多精力并使他失去了更多的追随者;与自己阵营中的朋友公开决裂(原因是再洗礼派的出现以及与茨温利、巴塞尔的宗教改革家奥克拉姆帕德及其在斯特拉斯堡的追随者布塞尔和卡皮托关于圣餐的争论)——这时的路德才心甘情愿将自己完全与世俗世界绑缚在一起,或者如他借用妻子的名字描述的,把自己拴在链子(catena)上。婚礼之后几个星期,他就意味深长地告诉比他早一年结婚的朋友、曾经的修士文策斯劳斯·林克:"我和卡塔琳娜结合在一起,躺在博拉身边,在尘世中死去。"性在教皇统治下是被诅咒的,路德对婚姻和性的完全投入,打破了普通市民生活和宗教生活的界限,进而矛盾地、讽刺性地实现了自己在当修士时追求的最高目标:放弃世界,然后慢慢死去。

路德不合时宜地与一位女士结婚,他最初并不爱她,对她也没有性的渴望,但毕竟还是有所好感。这也许可以被理解为先知似的行为表现。就像先知何西阿娶了一位妓女,为了让人想起以色列人抛弃上帝的故事;路德娶了一位神圣的修女，目的是要表明他在上帝的恩典秩序中的自由，宣布上帝对教皇教会充满谎言的、伪善的世界的判决。婚后几个月路德和一位男人谈到自己的婚姻，这位男人受到攻击，因为按照正统教会法他缔结了非法婚约。路德指出："我也娶了一位修女，尽管我可以不这么做，并且我没有特别的原因非要这么做，除了为了违背魔鬼、诸侯和主教的心愿，他们反正认为'属灵的人应该是自由的'这一想法是愚蠢的。我还想搞更多不愉快的事，如果我知道更多上帝喜欢而他们恼怒的事情，这样我就可以平息我对他们反对福音的不快，而他们会发怒，因为我不会放弃并且总要继续，他们越不想，我越要做。"这个来自维滕堡的冒失鬼反抗以道德使徒形象出现的魔鬼，后者传播神圣的假象并宣扬谎言：人通过道德上的努力以及在道德上不犯错，就可以在上帝面前称义。路德反抗的武器就是福音先知似的乖谬，将世俗的聪明变成愚蠢。路德裁定世界是为了使世界世俗化，让世界摆脱自以为神圣的假象。这是被授予圣职的前修士路德对教会的反抗，这个教会的统治基础是：以属灵阶层比世俗阶层具有更高价值的名义来贬低和取消尘世生活及市民职业活动。

路德对基督徒极端平等主义的理解，是他的改革发现——世界世俗化——的基础，也是他从修士转向市民的基础：在上帝面前所有的基督徒都是罪人，自己没有能力让上帝喜欢；因为信仰的缘故，所有基督徒在上帝面前都是平等的；所有的基督徒在上帝面前都是祭司，并且因为上帝的恩典，通过洗礼而被选为上帝神圣的子民；所有的基督徒因为福音获得解放而成为兄弟姊妹，并有能力成为别人眼中的基督。路德这个极端平等的"普遍祭司职分"学说是其称义学说的核心，路德借此消除了教士和普通信徒在与上帝的关系中存在的本质区别。这样从2世纪就开始的教会历史的发展走到了尽头。属灵阶层在与上帝的关系上具有更高价值，世俗职业与上帝距离更远的说法，在新教教义中不复存在了。

1520年路德第一次提出这种与罗马天主教官方神学相比非常极端且富有革命性的观点，尤其在《致贵族书》中予以阐述并使之得到传播，它无疑能使普通信徒的抗议继续发展并使之合法化，但这种发展很快就不受路德控制了。与一些后来引用他的话以及指责其背离初心的人不同，路德一开始假定了教会职位以及对职位授任予以有序管理的必要性。路德认为有必要设置布道的职位和圣事管理的职位，这跟福音的特点直接有关，福音就是救赎的应许、恩典之道。因为没有人能跟自己传福音，人们必须被告知，这就需要教会，更确切地说，需要信徒的教区，教区聆听福音，它们在教区的管辖范围内发生作用，并使教区越来越虔诚。在路德的语言习惯中，与其他不怎么含有机构之义的概念相比，"教会"这个词地位较低。他倾向于使用"圣徒社区""集会""一群人""神圣的子民"，但最常用的是"普通人"或者"基督教界"，他们作为地球上所有基督徒的总体，不受制于特定的地点和构成，存在于整个世界中,甚至存在于教皇统治下,存在于土耳其人中。

对路德来说,教会是聆听并相信上帝之言的团契。教会不受特定的法律和制度条件的束缚,但要实施基本的活动,这些活动是教会最初制定并不断更新的:福音的宣讲以及基督发起的圣事,如洗礼和圣餐。因为基督教的信徒团契产生于福音的言语中,并通过外在的标志(洗礼和圣餐)在感官上得到强化,那么在路德看来,在这个团契中的小孩从七岁起就可以"知道"教会是什么:"就是听着牧羊人的声音、笃信上帝的信徒和羊羔。因为孩子们在这一信条中祈祷:我相信神圣的基督教教会。"根据普遍的祭司职分,教区的每个成员原则上都有权利从事布道和圣事管理工作,但并非每个成员都同样有能力做到。为了避免混乱和有平等权利的人在教会工作方面进行恶性竞争,合理的做法是:通过"其他人的命令和批准",即通过代表团的行为,把这份权利委托给某个特定的人。如果这位被委托人总是因为各种原因没有完成任务,他就变回成员,与其他人一样是普通的公民和基督徒。因为信徒的团契依赖于布道和圣事管理,它是世界上可见的、可经验到的最大的团契。但构成这个团契本质的东西,即对福音的信仰,取消了感官的感觉且只为上帝所知,所以同时它并非属世的,而是隐匿的。因而教会就是福音被宣讲并在信仰中被听到的地方,但并非所有听到福音的人都会信仰它。

将教会理解为信徒的团契,区分可见的集会和只有上帝知道的救赎团体,形塑了路德异端教会特殊的教会性。

因为甚至在新教学说必然视为腐败的教会——譬如教皇教会——的教众中,上帝也会通过言语和圣事聚集真正有信仰的人。可见教会的界限和救赎团体的界限并不一致。尽管路德对教皇实施绝罚,谴责其法律基础,但在法律上被判为异端的他并没有关闭神学的大门,救赎之路也为天主教的基督徒敞开。教会作为福音信徒的团契,是且一直是称义的罪人的集会,是且一直是只有在知道自己被上帝接纳的时候才是"神圣"的"世界"。改革家路德理解的基督新教,不像被他判为异端的教会,从来不是对救赎事件的机构化。

从1520年代起,路德就以各种方式忙于为加入宗教改革的城市和地区建立新的教会组织。他多次与维滕堡的同事,尤其是梅兰希顿和约翰内斯·布根哈根共同承担与此相关的责任。布根哈根是维滕堡市牧师和教区牧师,也是路德的告解者和最亲密的精神顾问,他作为视察员和北德及斯堪的纳维亚地区的教会组织者具有很大的影响力。在新教地区,随着罗马教会法律机构的崩溃和教会法的取缔,对规章制度产生了巨大的需求。在这种情况下,维滕堡市教会和神学系的教授们,成了帝国内外新教教区的最高监督机构和圣职授任的权威。出现这种情况,首先是因为没有其他选择,当然也因为维滕堡作为大学城的重要性和路德的超凡魅力。根据在视察过程中积累的经验,路德慢慢了解了跨教区教会的组织机构和相关的责任,比如对牧师进行统一的职位授予。路德及其同事作为政治当局的顾问和个别牧师的心灵导师经常受托。由于世俗当权想"驯化"新教牧师并把其降格为无条件的政府代言人,路德得定期给这些牧师撑腰。路德在外在的教会组织问题上表现出来的结构保守主义,最终是为了找到社会可以承受的、以社区为导向的解决方法,也是为了把那些强烈依附传统的教区成员争取到新教福音这边来。路德在教会组织方面的工作——其中一部分有着持久的影响——更新了其对教会的开创性理解,并在机构的框架内,即在长时间的妥协中,得到贯彻。

当然,路德在教会组织工作方面的总体结果是矛盾的,因为他这种将基督教激进地理解为信徒团契的理想,无法确凿地实现为机构制度。它可能有影响力,也可能没有:在家庭教会里、在基督教的婚姻里、在各种形式的集会和聚会中、在所有出现对福音的信仰以及从这种信仰中流溢出爱的地方。《德语弥撒》是路德第一份口语化的礼拜仪式规则,后来成了模板。在前言中,他根据博爱和荣耀上帝的原则规定了自由和秩序、福音和机构的关系。基督教的自由不可以"用于自己的欲望或利益",而应该"荣耀上帝和使他人更好"。即使使用基督教的自由"同时要用良心",也依然要履行对邻人的责任。"基督教的自由"必须"为爱和他人服务"。因此教会的外在秩序、教会的机构制度化,就基督徒与上帝的关系而言就是不重要的,也就是说,"这个外在的秩序"在"我们对上帝的良心上""没有位置"。但为了邻人的缘故教会是有用的,因为它可以调节冲突、定义期望和训练礼貌。作为新教城市和地区公共教会体系的改革者,路德把那些"认真想成为基督徒"的人的私人聚会看作"福音秩序的正确形式",因此使新教教会生活的机构制度化具有了相对性,而强调了其团契特征。

路德的宗教诗,对不识字者来说,是最重要的新教信仰意识的来源,也是宗教改革思想最主要的表达手段,他在这些创作中特别用第一人称复数来描述基督徒,比如他在祈祷中写道:"上帝我们的父在此,让我们不会堕落 / 赦免我们所有的罪,帮助我们有福地死去。"或者以圣事的方式保证:"我们愉快地吃和生活 / 真正的复活节大饼 / 不是陈旧的发酵面团 / 在恩典的话语中。/ 耶稣将成为代价 / 独自喂养灵魂。"或者以满怀信心的胜利的方式:"高兴吧,亲爱的基督徒 / 让我们愉快地跳跃 / 我们获得安慰 / 兴趣盎然充满爱意地歌唱。"个别的基督徒是怎么样的,信徒的团契就是怎么样的。路德意义上的新教教会不在于是什么,而在于成为什么。

路德、"敌人"及其形象

基督的"敌人"也是先知路德的"敌人"。在路德写的儿童歌曲《保佑我们,主》中,"反对基督两个最大的敌人"(1544/1545)被传诵。路德毫不含糊地指出谁是这两个基督教世界的孩子从小就要唱衰和打倒的敌人:"保佑我们,主 / 用你的话,杀掉教皇和土耳其人 / 耶稣基督,你的儿子/想得到你的支持。"对路德来说，这两个敌人都跟世界末日有关。强调路德深受天启形象的影响，强调路德分享了启示论的心态，并不意味着要使路德对有约束力的秩序的取向相对化。相反，在路德这里，启示论和秩序神学的思想互相牵制又相辅相成，在教皇统治下拥有共同的目标。因为在路德看来，教皇统治并不符合上帝在创世时建立的，并以此来统治和维持世界的三级秩序。教皇想控制皇帝且以有害的方式把政治阶层和教士阶层弄得乱七八糟，很明显，这种无序的统治就是世界末日临近的标志。而现在，在世界末日之前，上帝的宗教改革要重新建立好的秩序。谁赞同上帝的秩序，谁就必须鄙视教皇统治并与之作斗争，因为教皇的统治处于上帝的秩序之外。教皇的统治和"土耳其人"（从1529年开始），是路德天启神学的焦点。

在被教会革除的历史背景下，路德在宗教改革中发现教皇是敌基督，这可能让他可以更轻松地将自己被判为异端时受到的震动转化为挑衅性的反抗策略。路德在生命的最后二十五年一直使用各种各样的文学形式和不断升级的论点反对教皇的统治，这种反抗在他去世前一年出版的宣传册《反对受魔鬼指使的罗马教皇统治》中达到高潮。心理学的解释将路德对教皇统治的敌意凸显为一桩悲剧，即路德对永久诅咒其本人及其作品的权力产生了强迫性固结，但这种解释可能站不住脚。

对路德来说，教皇统治具有历史神学的重要意义。依照圣经中相关的启示论文本宣布的，这种与上帝为敌的权力即敌基督，它会在世界末日凌越于一切被称为上帝或者礼拜的东西之上，会进驻上帝的神殿并自命上帝。因为在路德这里敌基督已被揭示，末日审判的临近就不再存疑，并且可以读到"时间的标记"：不管是飞跃的科学和一般文化、新教福音发出的堪比倾盆大雨的胜利的信号、印刷术或者宗教改革的第一批殉难者、受到迫害的一小部分真正的基督徒的痛苦，还是所有自然、政治和社会世界中的现象，一切都指向末日审判的来临。和普通的审判恐惧不同，归根结底，末日审判对路德和基督新教来说与害怕无关，而是确信：真正的教会的胜利会在末日审判中显现，因此可以说这是"可爱的末日审判"。被确定有敌基督特征的教皇统治，决定着路德一生的历史神学的方向。因为教皇被证明是敌基督，历史神学的观点在世界末日时仿佛自发出现。路德之所以是教皇坚定不移的敌人，是因为教皇是基督的敌人。路德从1520/1521年就开始批评教皇，这一神学基本路线一直保持不变。

相反，在对待土耳其人的问题上，路德的态度经过了一定的发展过程，与欧洲受到的军事威胁的剧增（1526年莫哈奇之战，苏莱曼一世的军队赢了匈牙利军队；1529年围攻维也纳）一致。1529年前后，路德多次密集地研究土耳其人问题，肯定了自己很早以前就持有的观点，但也获得了一些新的阐释。早就证明了的观点有：他在土耳其人身上同时看到基督的敌人和上帝之鞭，即上帝借土耳其人攻击基督徒自身没有消除的不义。路德拒绝对奥斯曼帝国进行十字军东征,被来自教皇统治下的反对者——十分不公平地——解释为他放弃军事反抗措施,然而路德拒绝的目的在于:首先要通过忏悔和祈祷与土耳其人及其魔鬼主人作斗争。在路德看来,针对土耳其人的军事斗争只应被理解成世俗世界的事务而不应该从宗教上过分渲染。伊斯兰教及其宗教文献《古兰经》——路德基于一些中世纪的资料和拉丁语译本研究过,1542/1543年还在巴塞尔资助印刷过——则肯定是反基督教和反上帝的,对此他从来没有怀疑过。《古兰经》否定基督具有神性和人性,否定三位一体的教义,因此就是否定对基督的信仰。就像教皇是敌基督一样,"土耳其人"也是"十足的魔鬼"。像基督的敌人们及他们的父亲魔鬼那样,"土耳其人"凭借创造具有严厉的宗教激情的印象——比如抛弃其他的神,实行严格的禁欲主义习俗和铁一般的纪律,也自认为可以变身为"光的天使"。在路德看来,用这些令人印象深刻的行为——类似的还有对偶像的拒绝以及奥斯曼人在建筑上的成就——"土耳其人"制造出文化优势的美丽假象。但在这种文化熠熠生辉的外表下隐藏着深不可测的恶毒。因此一定要着重提醒陷入奥斯曼统治危险中的基督徒,并且要用铁一般理性的教义问答基本知识来武装他们。

路德及其同事约纳斯、梅兰希顿丁1529年通过解释《但以理书》获得了对奥斯曼帝国的新认知,这部书对维滕堡学者们的神学历史思想而言依然是重要的证据。因为路德与一些早期教会的阐释者类似,指出《但以理书》第七章提到的四兽分别是:亚述人,波斯人和巴比伦人,亚历山大大帝和其继任者,以及罗马人的帝国。路德如同当时的大多数人一样,认为自己处于第四个即最后一个帝国罗马帝国——在查理曼的统治时期复兴并延续到西方——的框架内。第四兽头上有十只角,路德认为这十只角就是罗马帝国内的王国。根据《但以理书》第七章,在第十只角下长出了第十一只角,这只角拔出了三只角:这是穆罕默德的王国,它将吞并埃及、亚洲和希腊。路德还能用这种方式解释这一圣经文本中其他形象化的特征:譬如第十一只角上的口大约就是"可怕的诅咒,穆罕默德用这个诅咒完全废除基督教",并凌驾于基督教之上。

路德在圣经里找到了基督教最现实和最具威胁性的敌人"土耳其人",这让他确信历史发展的目的——末日审判——指日可待。在余下的时间里,为了坚持信仰耶稣,皈依新教福音并作为"神圣的剩余"获得永福,基督教都处于磨难之中。即使路德在自己的有生之年不再期待基督于审判时回归,他也希望主能缩短自己的教会受苦的时间。路德坚信历史在未来十年就要结束。除了《约翰启示录》,《但以理书》也是他在撰写纪年年表(1544年出版)时最重要的圣经方面的辅导书。路德认为,1540年对应创世以来的5500年。路德和传统一致,认为世界时间一共是六千年,但上帝为公平起见不会给足。路德曾用粉笔把方济各会修士约翰内斯·希尔滕的一则预言写在书房的墙上,这则预言显然对他产生了特殊而深远的影响:预言宣布奥斯曼帝国将在1600年彻底摧毁德意志。路德希望,为了早日结束这种痛苦,末日审判能在这之前来临。作为这位改革家的继承者,德意志的路德宗信仰尤其受到末日期望的深远影响,直到三十年战争之后还一再对此激烈地讨论。

路德沿用《新约》里的语言表达习惯,认为犹太人是"喂养的蛇"和"魔鬼的儿女"。他不断增长的反犹思想尤其表现在其后期作品中。这是他的基督之爱、他的称义信仰、他的圣经解释的黑暗面。因为路德坚信《旧约》告知了拿撒勒的耶稣为弥赛亚并且只有信仰基督才能相应地理解《旧约》,否认《旧约》中的弥赛亚预言对他来说似乎是背叛基督和失去救赎的确信。无论如何,路德的反犹思想属于早期现代广泛的反犹主义的一部分,而且在其神学中并非次要。路德早期宗教改革的文章受这样一种倾向的主导:引导基督徒,让他们认为受难的基督是他们获得救赎的唯一原因,同时远离当时流行的虔信实践,这种实践滥用对基督受难的思考以激怒犹太人。路德后来所写的文章则相反,完全充斥着这样的观点:犹太人在礼拜仪式中不断地侮辱诽谤基督并企图伤害基督徒。

1520年代早期,路德体验到了新教福音取胜的欣快,并估计可能会有大量犹太人改宗,因为这是几个世纪以来第一次对犹太人宣讲纯正的福音。但以下几点助长了路德对犹太人的憎恨:教皇教会的捍卫者诋毁路德及其追随者是"犹太人的朋友";宗教改革针对犹太人的信仰宣传没有取得预期的成功;反对犹太人改宗的论战文章强化了路德认为犹太人顽固不化和反基督的看法,让他形成了对犹太教实践扭曲的印象;以及最后针对基督教希伯来精神的斗争,这种精神用历史哲学的论证,将路德认为《旧约》中存在弥赛亚证据的解释相对化。因此到最后,路德认为自己最神圣的义务就是把犹太人逐出信奉新教的城市和地区。

终其一生路德都认为,犹太人是与上帝的错误关系的缩影,在这种关系中,信徒企图通过自己的律法工作在上帝面前称义。这就把犹太人和"教皇党人"、"土耳其人"或者自己阵营里的"狂信者"联系起来了。但在路德看来,犹太人的魔力超出了基督的其他敌人,因为犹太人一直拥有耶稣作为弥赛亚的证据,但他们用错误的方式加以错误的理解。对此路德只能用固执理论来解释:上帝使犹太人变得固执,目的是用他们的苦难史来表明,否认真正的弥赛亚将导致动荡的、无常的、危险的、被上帝和人驱逐的生存状态。从同时代的犹太人对路德的看法中可以清晰看出:他们感受到了"年轻的"和"年老的"改革家之间的矛盾,尤其是1523年的路德与1543年的路德。不能否认的是,如果涉及的是路德具体的对犹政策,那么这实际上是一个发展的过程:从最初有限的忍耐到传统的驱逐。相反,如果涉及的是路德对犹太教的神学评价,那么其一致性是显而易见的:路德在有生之年从不认为犹太教是上帝应许的承载者,而是将其视为过时的、诽谤基督的、由上帝亲自废除的人类自我称义的宗教。

在大量魔鬼的显形中,路德尤其关注"假师傅"。在路德看来，来自教皇教会的"肮脏的神学家"同自己阵营中的叛徒一样，都是魔鬼的仆人，都在歪曲圣经。路德的"右派"和"左派"反对者有一个共同点：他们把自己的观点、理性或者教会教导权威的传统立场看得比圣经中的证据更重要。对路德来说，"狂信"是人显示自我强大和表现宗教独立的形式，在思想和行动中不受圣经中基督外在言语的引导，而是受个体的判断和自以为是引导。路德的信仰确信不允许对圣经中的证据进行多元解释，尤其是涉及基督徒的救赎问题时。如果对圣经中的明确证据视而不见或者发挥人的理性，那一定是魔鬼在捣乱。因为在路德看来，魔鬼挤到了上帝和人之间，当他能让人们不再那么信仰上帝的话时，魔鬼就达到了目的。

在与卡尔施塔特、茨温利和其他南德及瑞士神学家的争论中，路德坚持圣餐传统的原文，从这个意义上说他的目的在于：保持对文本的信仰，反对符合理性的阐释。基督的肉体以面包和葡萄酒的形式出现，这个观念同所有人的理性相矛盾，但这并不意味着要通过将明白写下的原文"这是我的身体"解释成"这意味着我的身体"或"这意味着我的身体的标志"或类似的表达，来削弱或减缓其引发异议的程度。1529年在为解决圣餐争论而召开的马堡宗教会议上，路德用粉笔把耶稣关于圣餐的话写在桌子上，这个示威行动表明了路德一切认知的准绳和界限。在路德看来，只有信仰才是对基督的话的恰如其分的态度。"魔鬼妓女"的理性将自身置于上帝的话之上，破坏了信仰和救赎的确信并实现了魔鬼的实际目的，即让人不相信上帝的话。

作为生命力的基督徒在现实生活中会遇到魔鬼的各种表现形式。比如悲伤就是魔鬼的武器之一，他用这种武器来袭击敏感的心灵，并使其陷入孤独和绝望之中。正是在孤独中，人们对魔鬼及其袭击感受特别强烈并常常束手无策。魔鬼也作为道德的使徒出现：他试图让人因为一些琐碎小事而良心不安，比如吃、喝或者与人的交往等。路德的学生希罗尼穆斯·韦勒与路德的大家庭生活在一起，并且承担教育路德孩子的任务，当他被魔鬼的这类攻击偷袭时，路德对他进行了安慰。当时正值1530年奥格斯堡帝国会议期间，路德在科堡逗留，他在一封信中建议学生：采取鄙视魔鬼的态度，出去走走，好好吃喝，开玩笑，玩乐，开心地犯些小罪。如果魔鬼因为一些微不足道的事情对我们进行攻击，并且说"不要喝，那么你应该这样回答他：正因为如此我要喝，因为你禁止我喝，我甚至要更痛快地喝"。

在路德看来，信仰自由可以有效地让人们远离奴役他们的一切，使人们独立地和世界上的一切事物交往，因为基督徒知道，受难的上帝之子废除了自己作为罪人的死亡判决。吃、喝、谈话以及思念女人都能驱散悲伤或者赶走绝望——路德根据自己的经验了解这一切。但路德没能用这种策略长久地消除恶魔诱惑的冷汗，甚至在晚上魔鬼还要袭击这位躺在妻子身边的异端。与他进行辩论并想让他撤回自己观点的魔鬼，比他的妻子还要更常睡在他身边，即使通过性行为也不能引开魔鬼："我常常找我的卡塔琳娜，但她没有办法帮到我,那些糟糕的想法还是没有消失。"最后路德只有像最初那样——对他来说一切也像最初那样:"我有上帝的话,那么我就读个够。"

对路德而言,人的生命就是在罪、死亡、对魔鬼和地狱的恐惧中完成的。他自己的生活经验也无例外,同样再现了本真:"我们在生活中,同死亡拥抱在一起",他将一句启应轮唱的拉丁文颂歌"我们在生中死去"改写成一句诗。这完全是对人的痛苦的"中世纪式"理解,但路德对此的回答特别主观且不再"中世纪":"我们应该逃到哪里去,/因为我们必须存在?/去你那儿,主耶稣,独自一人/……/神圣仁慈的耶稣基督,/永远的上帝,/让我们不忘却/真正信仰的安慰。"

谁爱基督,谁就必须将一切反对基督的东西蔑视为魔鬼的工作。无论在爱还是在蔑视上,路德都是伟大的。

结　语

路德和基督教

在西方教会和基督教历史上，路德的宗教改革是影响深远的重大事件，不仅就神学的理解和基督教信仰的宗教实践而言，还就教会团体的机构形式而言。路德不仅在人们或明确或含蓄地追随他的地方（即新教教会中）产生影响，再洗礼派和唯灵论的宗教团体也是在跟他的联系与分离中形成了自己独特的风格。教皇教会将路德发起的宗教改革运动视为第一个群众性的异端，既不能整合也不能消除，甚至无法长久地回避其发起的质疑挑战；罗马教会最终也因为和路德的争论及相应的后果而变成了另外一个教会。由特伦托公会议（1545—1563）发起和推动的教皇教会根本性改革，产生了罗马天主教认信教会，这个教会直到今天都还是法定的、组织上最稳定、世界范围内最具代表性的基督教制度化机构。

通过路德以及使他发起的宗教改革得以延续的历史状

《《

去世前不久在讲台上授课的路德。他的助手赖芬施泰因的铅笔画,梅兰希顿的文字,翻译出来是:"马丁·路德博士。我的活着是你的瘟疫,教皇,我的死是你的死。1546年他去世时,已过六十三岁,未满六十四岁。他死于2月18日2点到3点之间,于同月22日在维滕堡宫殿[教堂]下葬。作为死者他也活着。"

况,一种不需要教皇而存在的教会在西方基督教范围内成了现实。路德时不时用反抗教皇统治的斗争来形容自己一生的成就,比如用该预言性的句子作为自己的墓志铭:我的活着是你的瘟疫,教皇,我的死是你的死。这个期望显然没有得到满足。尽管如此,教会的基督教因为路德而开始了多元化,但其实这不是因为路德想这样,而是因为教皇教会永远不愿回应他的质问。因为对这个异端的审判——根据罗马天主教的学说直到今天以及永远都有效——还没有被取消。这个判决不仅仅涉及路德本人,还涉及所有和他有关的人,这些人曾经和直到现在都直接或间接地感到对路德阐释的基督教信仰负有责任。

路德知道自己的良知遵守了圣经,并且觉得自己没有被驳倒,却被打上异端的烙印,这成了新教创伤性的原始经验、一出生就受到的打击。既然是从母教的子宫中被逐出来的，路德的教会不可能是母亲，而永远是女儿——产生于上帝的话的女儿。路德将脱离罗马教会的自由理解和形塑为福音的自由、信仰的自由，进而也是新教教会的自由。路德对个人主义和宗派主义的基督教生活方式及团契方式的反对，乃基于自由的激情，这种自由来自上帝的恩典，上帝之所以接受那些无法克制自己、无法爱上帝和邻人的罪人，并不是因为罪人本身，而仅仅是因为基督的缘故。这种由上帝赠予、因上帝的话开启而为人所知的自由，不必受个体或者宗教集体的权力支配。因此上帝保留一个教会，这个教会被授权以自由的权威发言。在路德看来，再洗礼派和唯灵论者又复辟了他本人刚刚逃脱的教皇教会的良心束缚。对路德来说，与新教"左派"中另类的组织形式不同，对教会的附属或者教会的成员身份本身永远不是目的。教会的目的在于：使信仰成为可能。作为共同体，教会的"本质"就在于：让自身一再地和永远地变得多余。在基督教历史上，路德意义上的福音教会是一个新的机构现象。

脱离教皇教会的良心束缚的自由，只有在宗教改革时期的条件下才能实现，因为世俗当局作为立法、整治和惩戒机关填补了因废除教会法而产生的权力真空。这种宗教国有化，早在宗教改革前随着君主的教会统治就已经开始，在天主教的国家中也得以进行。但是它在新教中进一步发展，使负有政治责任的普通教徒，通过普遍的祭司职分,获得了以有约束力的方式界定基督教教义的权利。即使世俗当局一般会利用他们的神学家,但还是出现了基督教历史上划时代的状况:政治统治者决定臣民的宗教信仰(教随国定)。这种状况一方面使德意志的新教教会直到今天都特别亲近政府,另一方面也促进了这种心态的发展:非常积极地认同基督教信仰,但与有形的教会机构保持距离。新教基督徒对自己的教会既合又离的矛盾心理有其神学根源(路德对教会的理解),还具有一定的历史原因(16世纪以来宗教改革教会构成的环境),而后者是路德很难影响到的。

路德把自己对教皇教会的谴责理解为福音本身必然的结果。他认为,在教皇统治下"我们完全不知道一个基督徒应该知道的事情"。但是现在我们用"危险而笨拙的方式"获得的福音,"创造了好多伟大而美好的事情",使我们第一次有可能恰当地认识上帝和世界:"基督、洗礼是什么……信仰是什么……安慰、世俗权威、婚姻是什么……教会、基督徒、十字架是什么。"直到现在,这一切才因为他——"德意志的先知"——或者确切地说,因为基督在他身上的行动,变得为人所知。路德这个闻所未闻的真理要求无法整合到现存的教会统治中,这并不让人惊讶。因为这种真理要求同时意味着:近一千年来西方教会的整体发展就是对正道的致命背离。不把路德判为异端就意味着要放弃罗马对普世性和真理的要求。

路德的这种看上去毫无节制,容易造成无比激烈的论战，而且从心理学的角度看深不可测的真理要求来自哪里？来自他的基督徒身份、他的信仰、他的上帝意识本身。在与伊拉斯谟的论战中，路德反对这位宗教知识分子的怀疑和冷漠倾向，他越来越清晰地认识到是什么塑造了一位基督徒。一个基督徒会以信仰表白的方式或者有约束力的神学声明的方式说：他始终不渝、不屈不挠、毫不妥协地以上帝的真理为准。放弃有约束力的神学声明意味着放弃基督教信仰本身。这正好发生在这个问题被认为是不必要或者不清楚的时候，这个问题——像在伊拉斯谟那里一样——就是：人是否可以自愿地做些什么，以获得上帝的怜悯。基督教的一种形式宣传：为了获得上帝的怜悯，我们应该全力以赴，接受教会苦行赎罪的方式，专注于人本身，让人留在这位总是努力奋斗的修士良心危机开始的地方。但基督徒唯一的、最高的安慰就是确信：上帝始终想要自己的创造物得救永生，上帝不会撒谎，上帝一劳永逸地说过这样的话并且信守不渝。

上帝的救赎意志体现在基督身上，基督有两个本性：神性和人性。以前的教义史以及同时代的"右派"和"左派"批评家教条地继承两个本性的学说或者使之相对化，把它当作自明的"正确性"或者形而上学理论。路德与他们不同，这个对自然理性关上大门的信仰声明——上帝在基督身上表现为人，在人身上表现为上帝——在路德那儿得到蓬勃发展。基督是真正的上帝和真正的人这一观点，被路德在神学上创造性地挪用到人的救赎上。上帝在基督这个人身上真正地陷入痛苦，而人分享了上帝本质的完美。在路德看来，上帝与人的这种独特的关系可以用来重新定义上帝与整个人类的关系；而根据上帝与人在基督中的联合，把上帝定义为无人或者非人的主，把人定义为依赖的、自我封闭的造物，已不再恰当。在基督身上，自由的上帝和被解放的人，造物主和造物，最为极端的对立以最紧密的联合和解了。1524年，路德在一首圣诞颂歌中写道："父亲的儿子，地球的上帝，／成为尘世的客人／带我们走出贫穷的山谷；／他让我们在他的大厅里延续。／求主怜悯。"人在信仰中分享上帝的实在，在耶稣基督这个"异乎寻常的"人身上获得解放，来实现自己的存在、自己的本质、自己的真实可靠。

路德的信仰存在于这种确信中，路德也在这种确信中建立了基督教。可能从未有人像路德这样简明地阐述作为一个基督徒意味着什么："成为一个基督徒，就是接受福音并相信基督教。这一信仰带来对罪的宽恕以及上帝的恩典。但这样的结果只来自圣灵通过道的做工，无需我们同意和参与。这是上帝自为的工……"

如果宗教意味着"心灵完全可以信任的东西"，那么路德就为基督教开辟了这种宗教，而且是入世的宗教。

时 间 表

1483 年	11月10日生于艾斯莱本，11月11日受洗
1484年至1496/1497年	童年和青年时代，在曼斯费尔德度过最初的学生时代
1497年	在马格德堡上学
1498年至1501年	在艾斯莱本上拉丁语学校
1501年至1505年1月	在埃尔福特大学人文学系学习基础课程，艺术硕士学位毕业，攻读博士学位
1505年春	在埃尔福特大学开始学习法学
1505年7月2日	在施托特恩海姆附近经历闪电事件，发誓成为修士
1505年7月17日	进入埃尔福特奥古斯丁隐修院
1507年春	授任神职仪式；在埃尔福特大学开始学习神学

1508/1509年	在维滕堡学习神学；教授哲学
1511年11月至1512年4月	罗马之旅
1512年10月18/19日	在维滕堡获得神学博士学位；成为约翰·冯·施陶皮茨的接班人，接受奥古斯丁修会教职
1515年至1518年	成为修会的地方代牧
1517年10月31日	开始赎罪券论战；发表九十五条论纲；给大主教阿尔布雷希特·冯·美因茨写信
1518年3月	开始白话化的宗教改革宣传
1518年4月	在海德堡的奥古斯丁修会例行会议上进行辩论
1518年10月	在奥格斯堡受卡耶坦审问；拒绝撤回自己的言论
1519年6/7月	与埃克的莱比锡大辩论
1519年8/11月	科隆大学和勒芬大学对路德进行审判
1520年6月15日	教皇利奥十世颁布《主起来吧》通谕
1520年12月10日	在维滕堡的鹊门前焚烧教会法规和教皇通谕
1521年1月3日	教皇发出绝罚令
1521年4月17/18日	在沃尔姆斯帝国会议上面对皇帝查理五世拒绝撤回自己的言论

1521年5月	沃尔姆斯上谕颁布；在瓦尔特堡受到保护（直到1522年2月）
1522年3月9日至16日	四月斋的第一个星期日布道；结束维滕堡运动；与卡尔施塔特决裂
1524/1525年	与闵采尔论战；农民战争爆发
1525年6月13日	与卡塔琳娜·冯·博拉结婚
1525年秋	与鹿特丹的伊拉斯谟论战
1525年至1529年	宗教改革内部与卡尔施塔特、茨温利、奥克拉姆帕德、布塞尔就圣餐进行争论
1528/1529年	在萨克森视察；发表教义问答手册
1530年4月至10月	在奥格斯堡帝国会议期间待在科堡
1534年	发表第一部维滕堡"完整圣经"
1536年	与南德意志签订维滕堡协议
1539年	开始出版维滕堡全集（1545年拉丁文版第一卷前言）
1546年2月18日	死于艾斯莱本
1546年2月22日	在维滕堡宫殿教堂下葬